デンマークの白糸刺繍
211の図案、刺し方から小物作りまで
HEDEBO
図案&見本集
211
笑う刺繍
中野聖子

Prologue

はじめに

この度は、ヘデボ 図案＆見本集をお手に取っていただきありがとうございます。

ヘデボ刺繍は、白い布に白い糸で繊細な模様を描くデンマークの伝統的な刺繍です。ほとんどがボタンホールステッチで完結するその表現力は無限大で、ひと針ひと針進めると浮かび上がる模様はまるで魔法のようにも感じます。

アブローダー（コットンの糸）は滑りがよくステッチがふっくらと艶やかに仕上がりますし、ボッケン（リネンの糸）は素朴な風合いと繊細な表現が得意です。本書では、人気のあるドイリーやイニシャルはどちらの糸でも刺せるよう両方の糸番号を掲載しました。また初心者から上級者まで楽しんでいただけるように、さまざまな図案を豊富に掲載しています。

ピンと張った白い布に針を刺して引く音を聞きながら手を動かしていると、頭の中で渦巻いているたくさんの情報が整理されて、心が穏やかに癒されていくのがわかります。
どうぞゆったりとした気持ちで、時間をかけることで生まれる手仕事の温かみと美しさを感じながら、楽しんで刺繍していただけますと幸いです。
そして、自分を癒すための大切なライフワークのひとつにこのヘデボ刺繍を加えていただけましたら嬉しく思います。

最後になりましたが、この本の製作にあたり支えてくださったすべての方に心から感謝申し上げます。

笑う刺繍　中野聖子

Contents

目次

ヘデボ刺繍について

ヘデボ刺繍はデンマークが発祥の伝統的なホワイトワーク(白糸刺繍)です。ステッチのほとんどはヘデボのボタンホールステッチを基本としています。7つの技法があり、時代とともに変わってきました。この7つの技法について簡単に説明します。

◆ Tællesyning (テレシューニング)

ヘデボ刺繍の中で最も古く、デンマークのヘーデンと呼ばれる三角地域の農婦たちによって発展した、ヘデボ刺繍の基礎となる技法です。布地の織り糸を数えながら平縫いで幾何学模様や植物模様を描き出します。その形が布地の上に浮き彫りになるのが特徴です。

◆ Dragværk (ドラウヴェアク)

1770年頃から1800年代初頭にかけてTællesyningから派生した技法で、タテ糸とヨコ糸を交互に抜いてできた隙間にステッチを施します。透かし模様のようなデザインが特徴で、これにより繊細な表現が可能となりました。

◆ Rudesyning (ルーデシューニング)

19世紀初頭に確立されたヘデボ刺繍を代表する技法のひとつです。布地に正方形の穴をあけ、窓のような模様を作ります。窓の大きさを変えたりステッチの密度を調整することで、さまざまな表情を生み出します。

◆ Hvidsøm (ヴィズスム)

18世紀後半に、上流階級の間でヘデボ刺繍が流行したことで発展しました。サテンステッチやチェーンステッチで植物モチーフなどを描いて立体感や陰影を表現します。ヘデボ刺繍の装飾性を高めるために用いられました。

◆ Baldyring (バルデュリング)

ヘデボ刺繍の中では比較的新しい技法で、デンマークの都市部の女性達の間で人気が出ました。布地のタテ糸とヨコ糸の一部を引き抜き、残った糸を補強して模様をかがります。イタリアのレティチェラの影響を強く受けて発展しました。

◆ Udklipshedebo (ウドゥクリプスヘデボ)

ヘデボ刺繍が最盛期を迎えた頃に生まれた技法で、1855年から1870年頃に最も発展しました。布地の一部を切り抜き、その周囲をボタンホールステッチでかがりレースのような模様を作ります。繊細で華やかなデザインが特徴で、1950年代まで社会のあらゆる階層で採用され、ヘデボ刺繍の多様性を広げました。

◆ Syede Blonder (シューデブロンダー)

ヘデボ刺繍をさらに洗練させるための技法として発展しました。針と糸だけでレース模様を作り出すその技法はニードルレースとも呼ばれています。縁取りや装飾として用いられることが多く、ヘデボ刺繍を繊細で優美な印象にしています。

Hvidsøm
(ヴィズスム)

Baldyring
(バルデュリング)

Udklipshedebo
(ウドゥクリプスヘデボ)

Syede Blonder
(シューデブロンダー)

この本について

この本では、模様が特徴的で現代の暮らしの中で楽しめる4つのヘデボを紹介しています。糸を抜く技法のドロンワークを使うヴィズスムとバルデュリング、布をカットするウドゥクリプスヘデボ、縁飾りのシューデブロンダーという3つの章にわけ、図案と刺し見本、刺し方で構成しています。巻末には作品も掲載しているので参考にしてください。

◆ページについて

図案だけのものと刺し見本のあるものがあります。使用布や糸の情報も掲載しているので、刺すときの参考にしてください。もちろん好みの糸と布で刺してもOKです。カットするヘデボでは、刺し見本をコースターやドイリーに仕立てて紹介しています。各章の最後に、刺し方を解説しているのでご覧ください。刺し方はわかりやすいように色糸で刺していますが、実際に刺すときは白糸を使用してください。

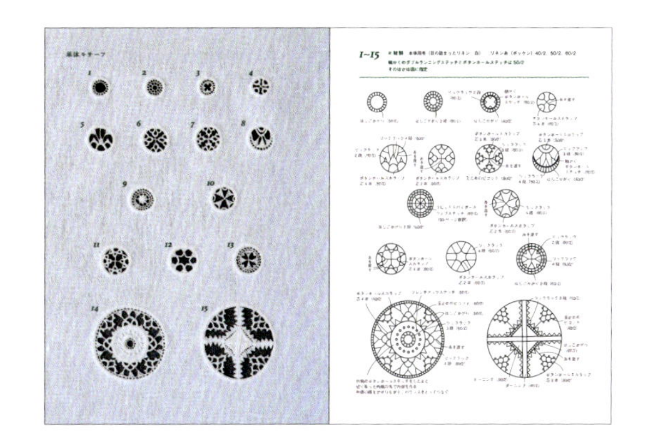

◆糸について

糸はアブローダーか本場のリネン糸のボッケンのどちらかを使用しています。刺すときは混在させずにどちらかのみで刺します。どちらを使っても大丈夫ですが、それぞれに質感が違います。アブローダーの#25とボッケン50/2は糸の太さ、BLANCと4/4-blは色をあらわしています。図案に(50/2または#25）というように併記している場合がありますが、前がリネン糸のボッケン、後ろがアブローダーです。

◆図案について

図案は12ページの写し方を参照して、布に写してご使用ください。はしごかがりやボタンホールステッチの数は目安です。ご自分の感覚や刺す加減によって変わるので調整してください。図案を組み合わせてオリジナルの図案を作ったり、アレンジを楽しんでください。

▶ リックラック

ボタンホールステッチで三角を作る。
2段、3段、4段など段数で大きくなる。
ピコットにするときは1段。

▶ ボタンホールスカラップ

糸を渡して芯にしてボタンホールステッチでくるむ。
2段3段と重ねてもよい。
その場合、上段になる芯はすべて3本、
ほかの段は図に記載。

▶ 細かくボタンホールステッチ

はしごかがりの上などに細かく刺して
ボリュームを出す。

▶ はしごかがり

ボタンホールステッチをゆるめにかがったもの。
1段、2段と重ねると複雑になる。

▶ 糸を渡す

リックラックやボタンホールスカラップ
の間に糸を渡す。
簡単でよいアクセントになる。

▶ ダーニングかがり

2本の糸を渡して8の字に交互にすくって
かがる。

▶ ピコット

三角は1段のリックラック、丸は玉止めのピコット。
ボタンホールスカラップの途中に作る。

▶ ヘデボリング

ヘデボスティックで作るリング。
縁飾りによく使われるが、模様の内側の
ベースにもなる。

142ページより

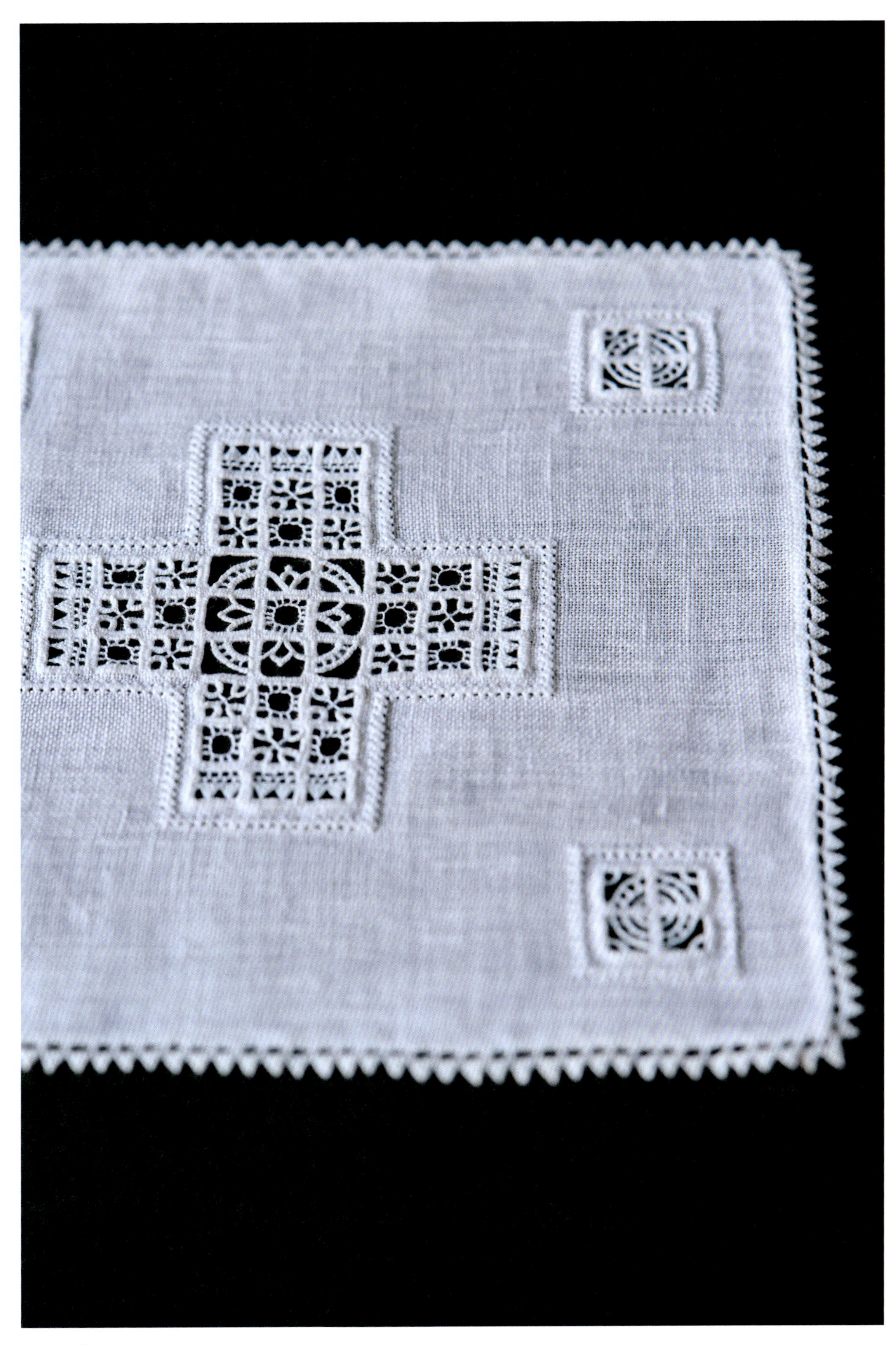

151ページより

道具と材料

ヘデボ刺繍に必要な道具と材料について解説します。

a. ヘデボスティック　ヘデボリングを作るときに使います。　**b. 目打ち**　アイレットなどを刺繍するときに使います。仕立てで角を整えるときにも便利。　**c. はさみ**　刺繍のときは主に、先のとがった切れ味のよい糸切りばさみを使います。袋などに仕立てる場合は、裁ちばさみも使います。　**d. 刺繍枠**　いろいろなサイズがありますが、主に使うのは10cmです。自分の使いやすいサイズで大丈夫です。　**e. まち針と刺繍針**　まち針は仕立ての際に使います。刺繍針は11ページを参照してください。　**f. ピンクッション**　好みのものを用意します。　**g. セロハン、手芸用複写紙**　図案を写すときに使います。　**h. 手芸用印つけペン**　図案を写すときや描くときに使います。水で消えるタイプです。　**i. トレーサー**　図案を写すときにセロハンの上からなぞります。　**j. 刺繍糸と色糸**　色糸は糸を止めたりしつけに使います。ミシン糸などでOKです。刺繍糸は11ページを参照してください。　**k. 麻布**　平織りの麻布。カットのヘデボは布目を数えないので目の詰まった布、バルデュリングとヴィズスムは1cmに12〜14目くらいの布を使います。　**l. 円定規**　カットのヘデボの輪郭を描くときに使います。

◆針について

左は針先がとがった針、右は丸い針です。丸い針は輪かくの内側をかがるときなどに使い、織り糸を割ることがないのでスムーズに糸をすくうことができます。とがった針はフリーステッチや、布に輪かくを刺すときに使います。

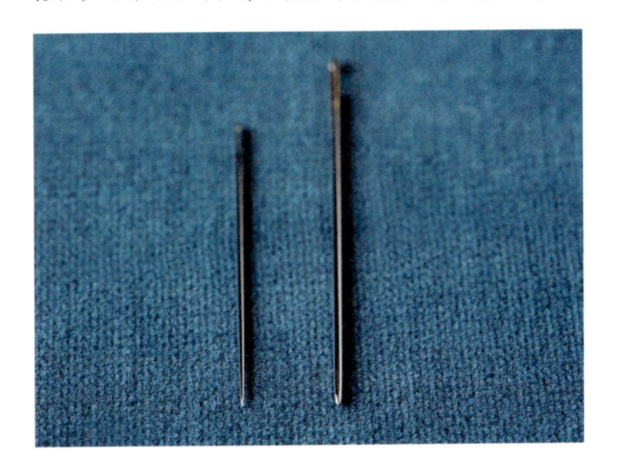

◆糸について

左はアブローダーという1本取りの撚りの甘いコットンの糸で、#16・20・25・30の太さを使います。右はリネン100％の糸です。この本のアブローダーはDMCの糸を使用していますが、アンカーなど好みの糸で大丈夫です。リネン糸はスウェーデンのメーカー、ボッケンの糸を使っています。

◆布について

左が布目を数えるときに使う布、右がカットするときに使う布です。布の織りの粗さが違います。

◆リネン糸について

左がオフホワイト、右がホワイトです。リネン糸だけでなく、アブローダーにも白の種類があります。

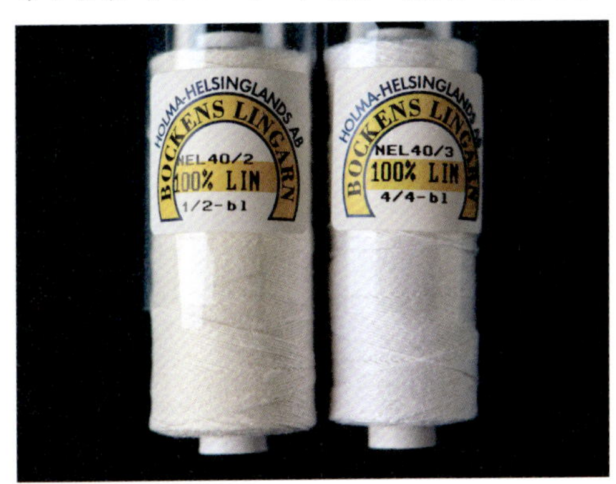

左が40/3で3本撚り、右が40/2で2本撚りなのでやや細い糸になります。布目や仕上がりのイメージで糸の太さを使い分けます。

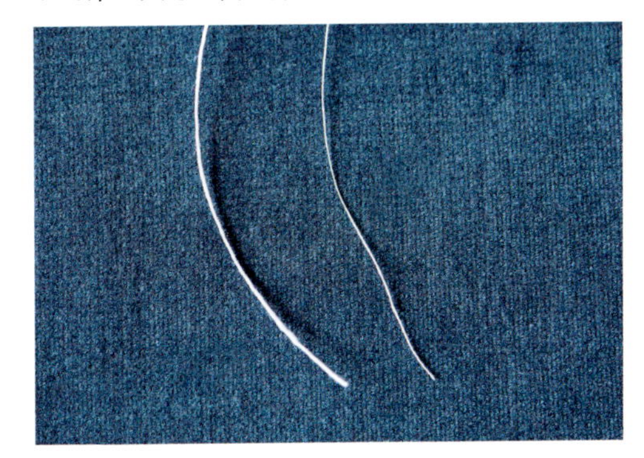

図案の写し方

◆ライトテーブルを使う

ライトテーブルの上に図案、布の順に重ね、図案を光に透かせて手芸用印つけペンで布に写します。

◆手芸用複写紙を使う

布、手芸用複写紙、図案、セロハンの順に重ねてトレーサーで図案をなぞります。セロハンは図案が破れてしまわないように重ねます。

糸の始末のしかた

1 刺し終わったら裏に針を出し、ステッチの糸を2目すくって通します。

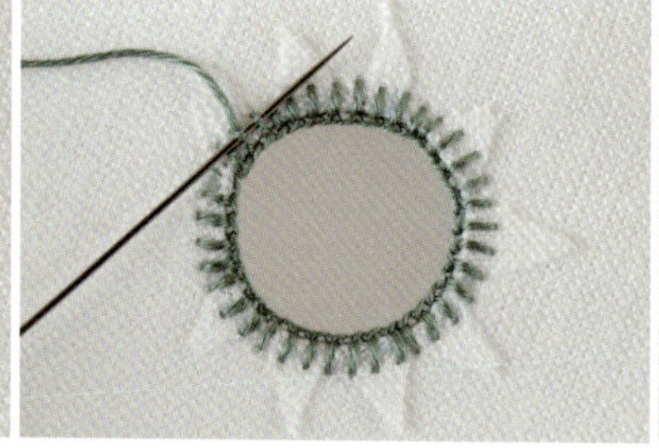

2 2目めの糸に戻って2目すくいます。これで1目が返し縫いのようになりました。

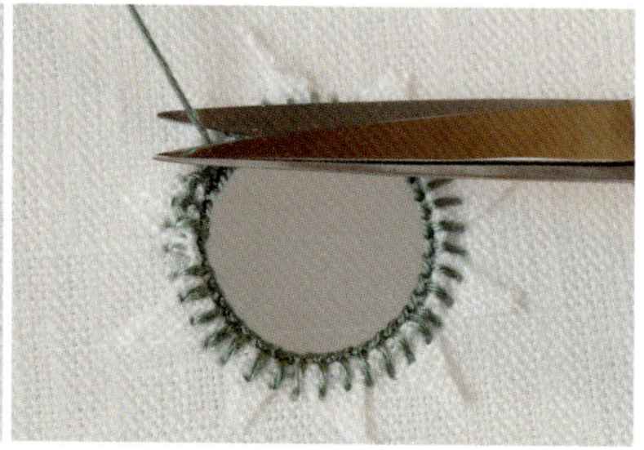

3 これをもう1回くり返してしっかりととめます。きわで糸をカットします。

新しい糸に変える

1 裏のステッチの糸4本ほどに通し、1目返し縫いのように戻って2目に通します。

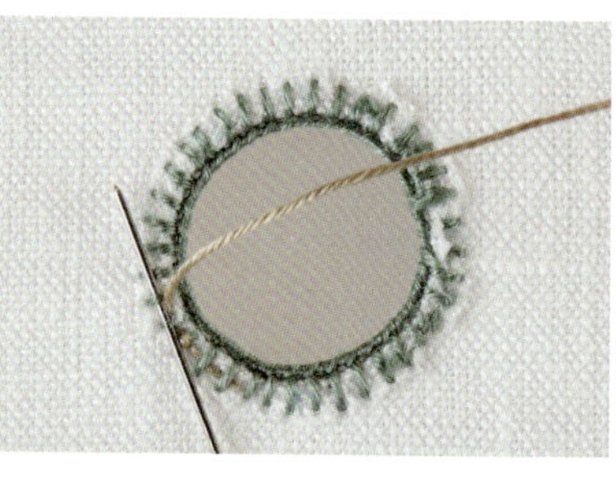

2 再度、1目返し縫いのように戻って2目に通します。

3 表に針を出して刺し始めます。

Cut work Hedebo

カットのヘデボ

布に図案の形に切り込みを入れて周囲をかがるカットワークで、主にウドゥクリスプへデボを紹介します。カットしてボタンホールステッチをした内側に模様を刺繍します。サテンステッチやアウトラインステッチなどのフリーステッチの図案と組み合わせることが多く、独特のかわいらしさがあります。円や三角などの幾何学模様を組み合わせて図案を表現します。

単体モチーフ

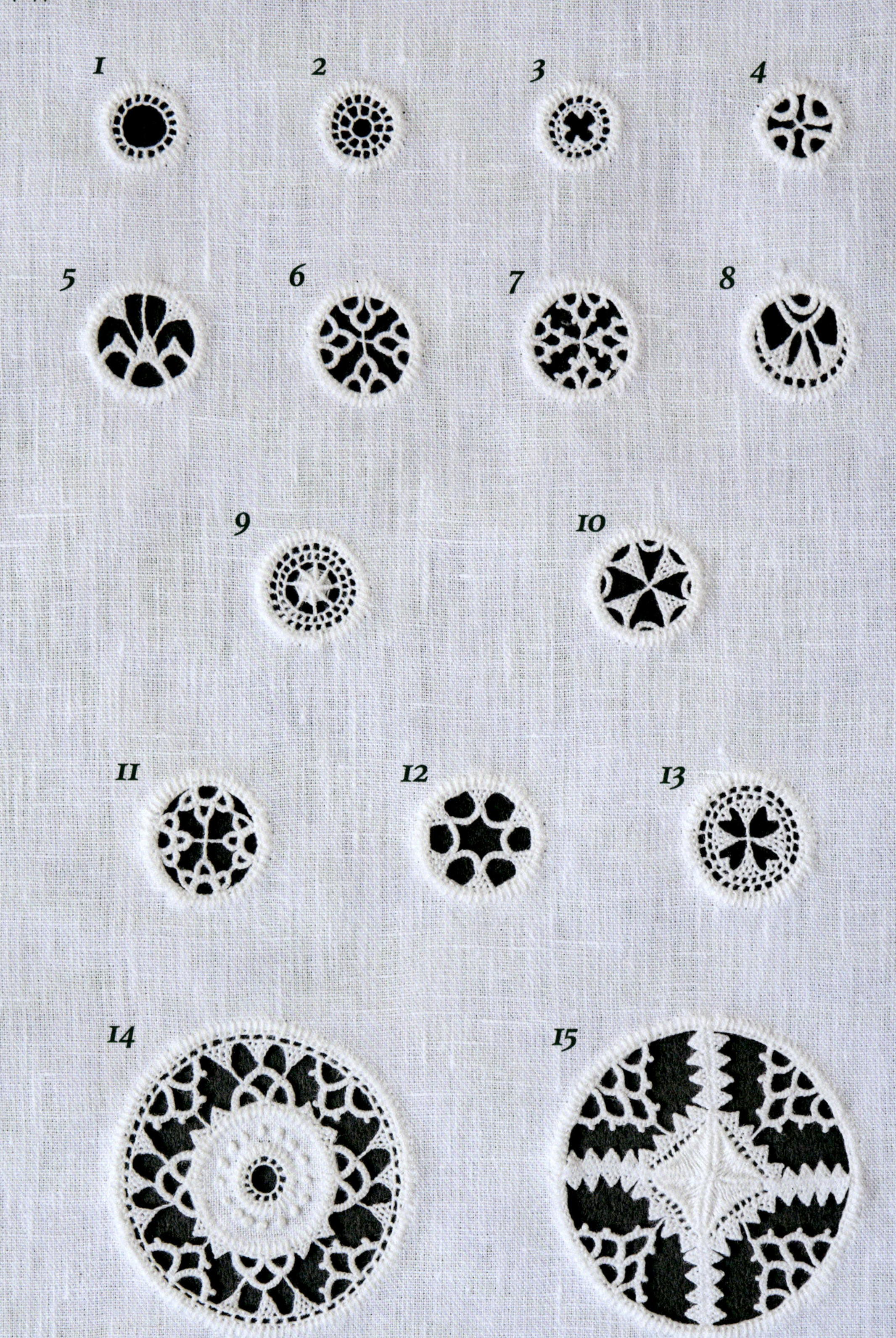

I~I5

※**材料**　本体用布（目の詰まったリネン　白）リネン糸（ボッケン）4/4-b1　40/2、50/2、60/2
輪かくのダブルランニングステッチとボタンホールステッチは 50/2
そのほかは図に指定

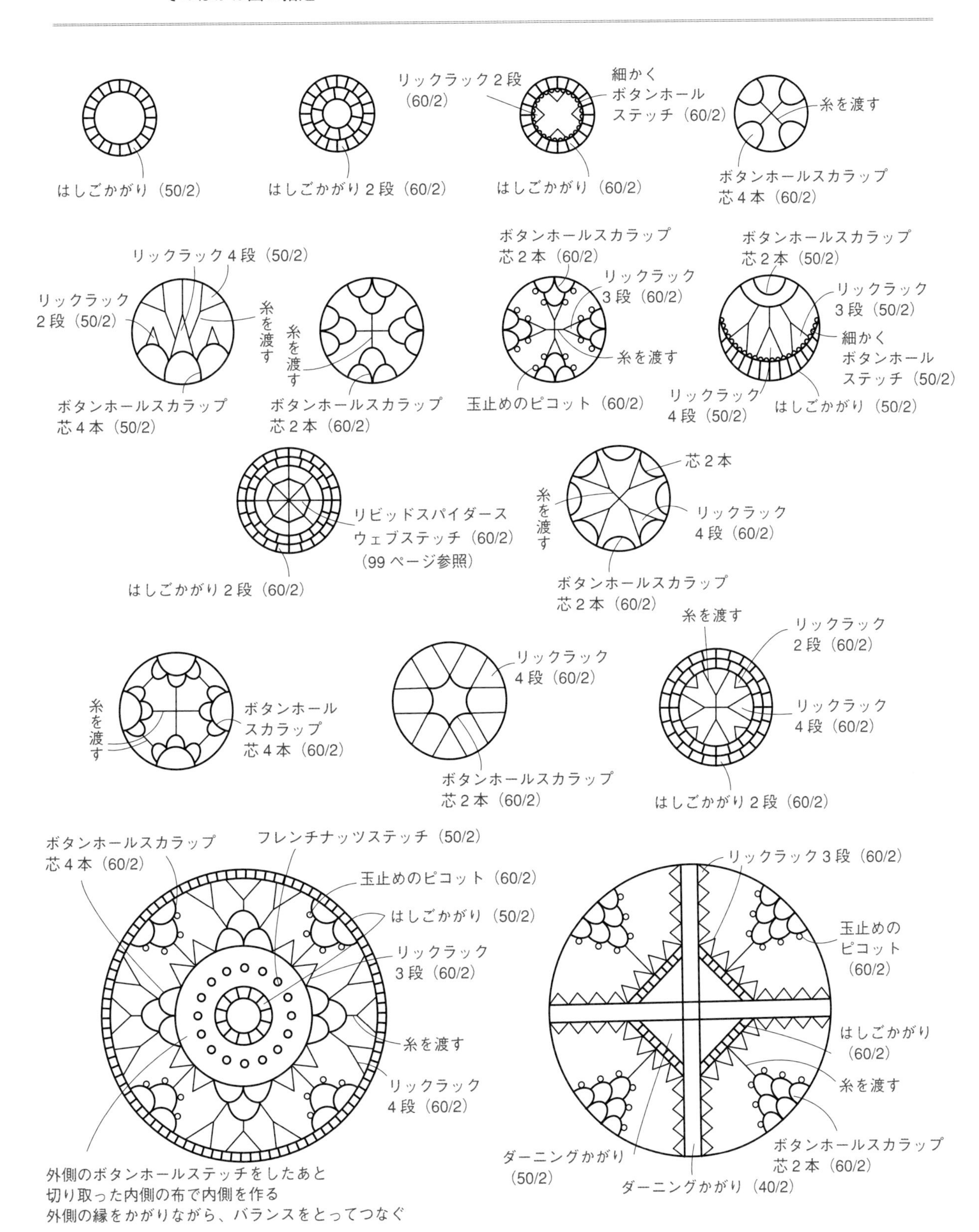

16~28

※**材料**　本体用布（目の詰まったリネン　白）

リネン糸（ボッケン）4/4-bl または 1/2-bl　50/2、60/2

輪かくのダブルランニングステッチとボタンホールステッチは 50/2、そのほかは 60/2

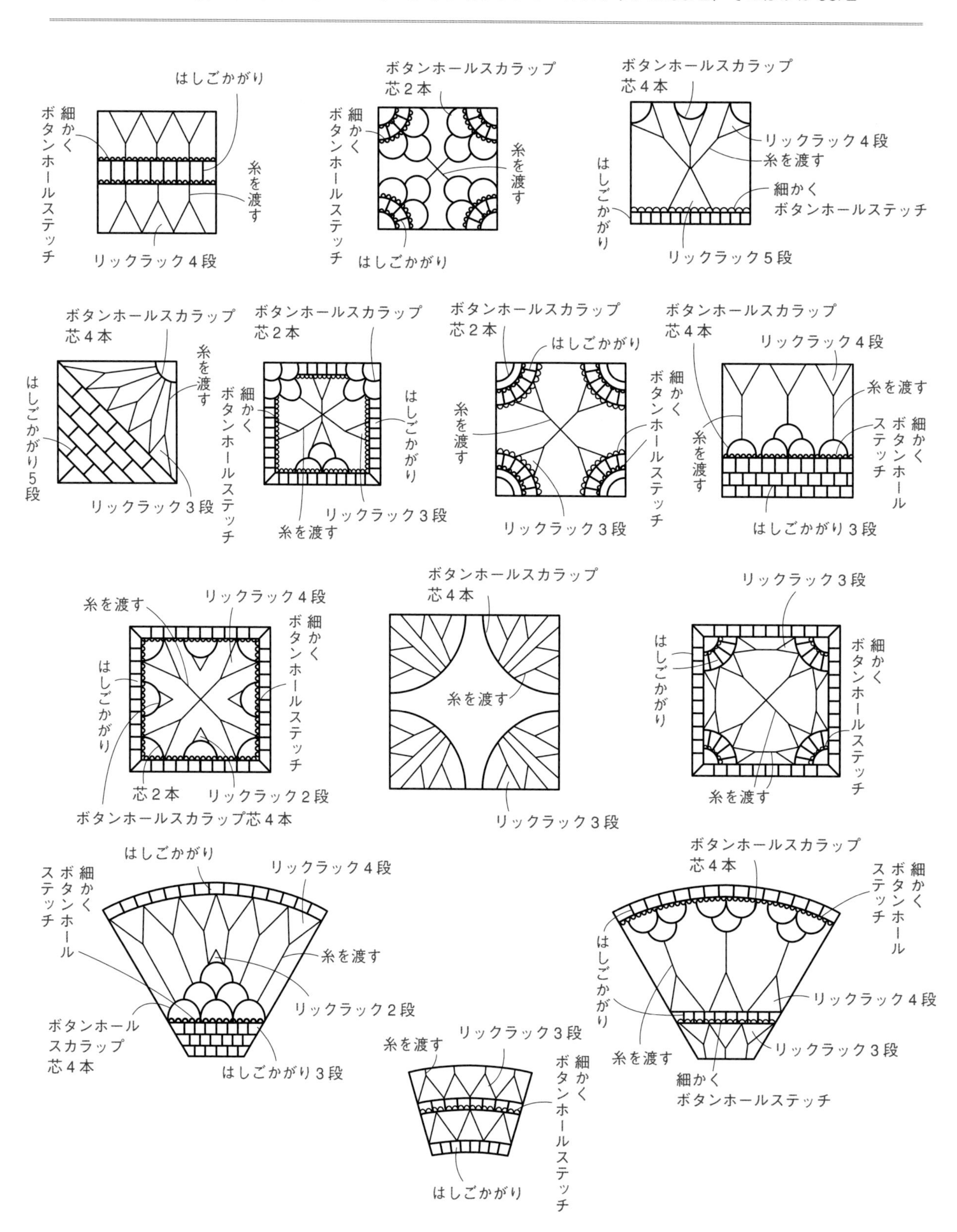

29~37

※材料　本体用布（目の詰まったリネン　白）

リネン糸（ボッケン）4/4-bl または 1/2-bl　50/2、60/2

輪かくのダブルランニングステッチとボタンホールステッチは 50/2、そのほかは 60/2

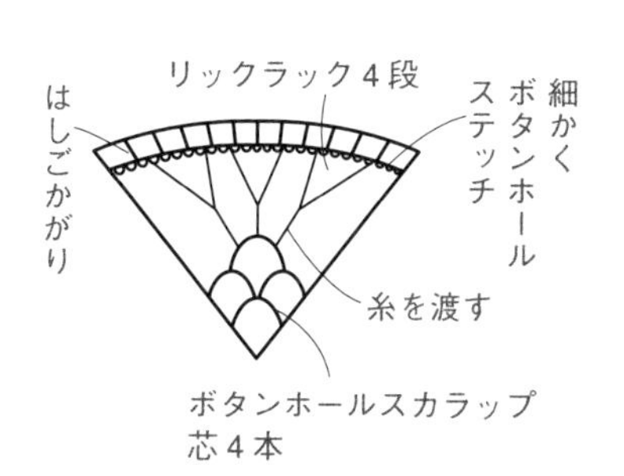

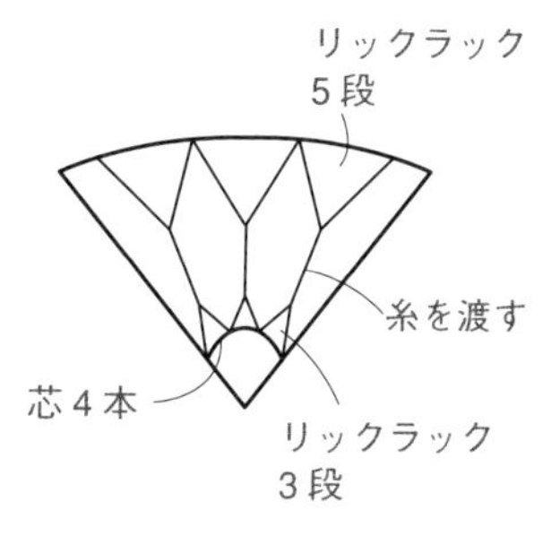

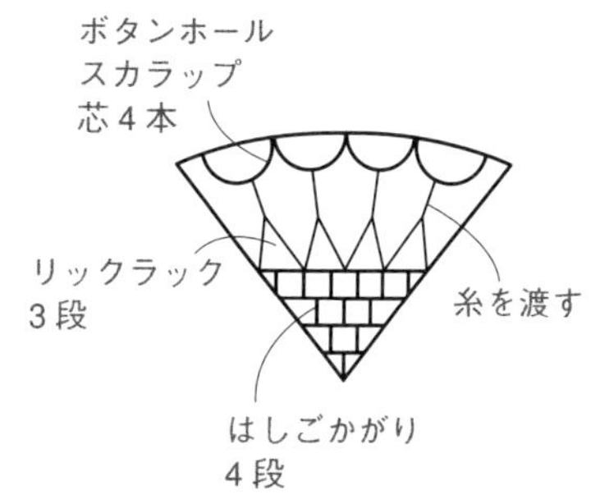

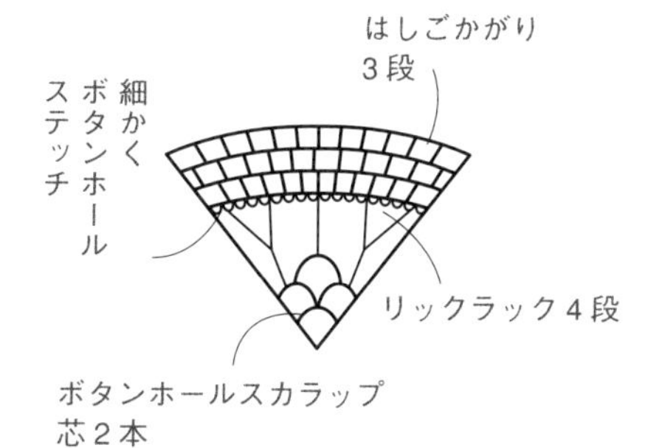

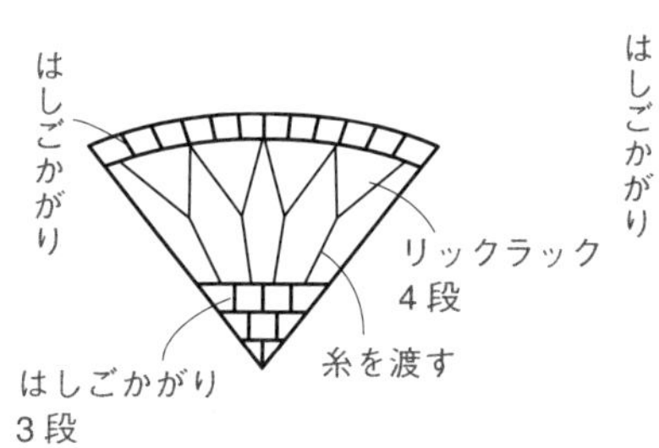

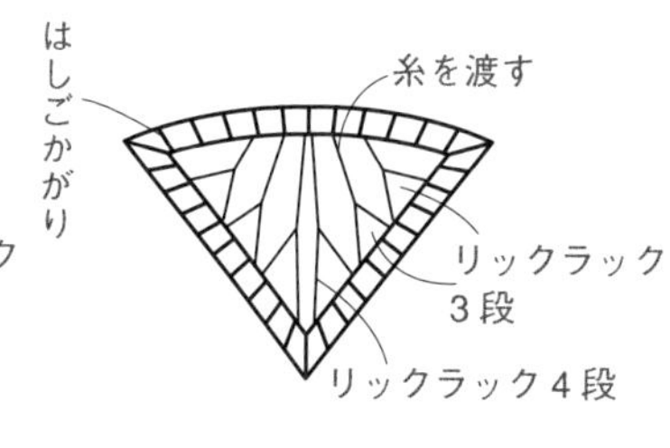

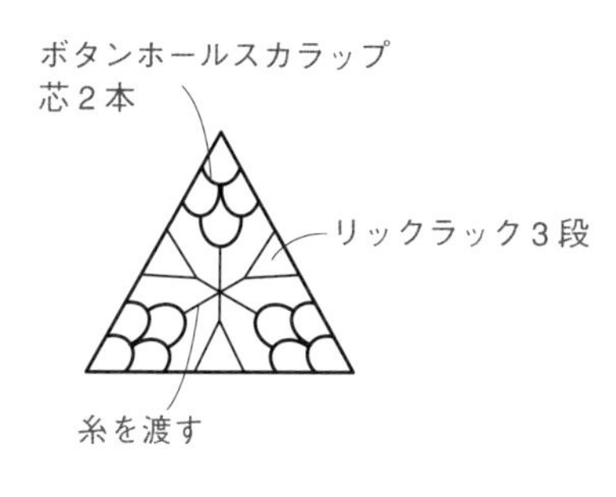

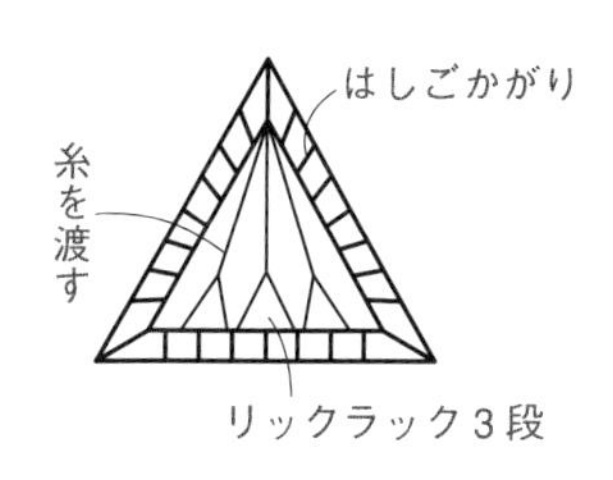

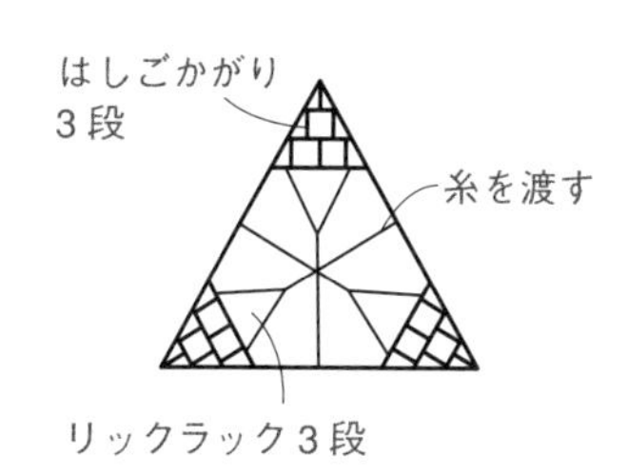

38
39
40
41
42
43
44
45

46
47

48
49
50

38~50

※**材料**　本体用布（目の詰まったリネン　白）　リネン糸（ボッケン）4/4-b1　50/2、60/2

輪かくのダブルランニングステッチとボタンホールステッチは 50/2

そのほかは図に指定

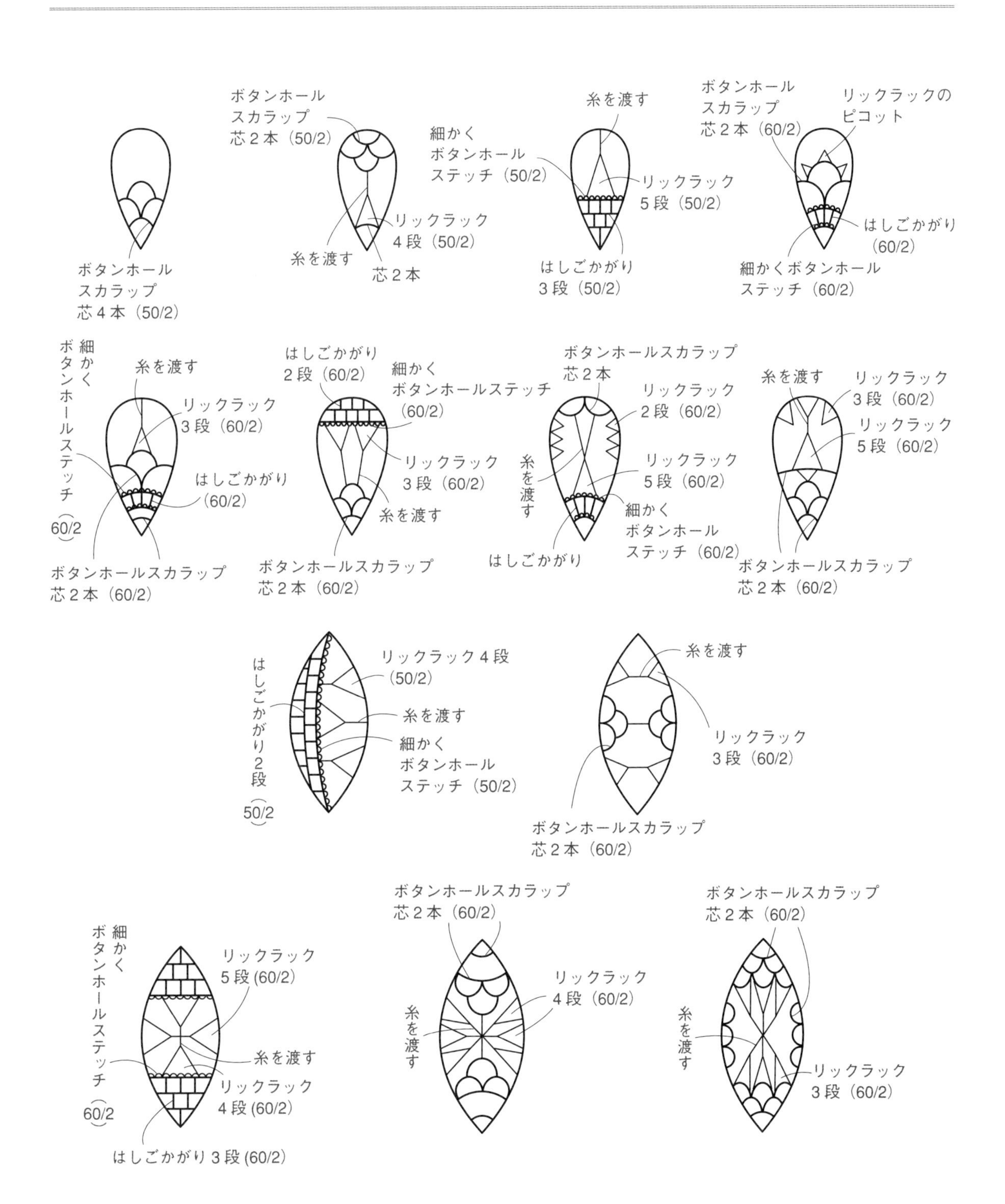

51~63

※ **材料**　本体用布（目の詰まったリネン　白）

リネン糸（ボッケン）4/4-bl または 1/2-bl　50/2、60/2

輪かくのダブルランニングステッチとボタンホールステッチは 50/2、そのほかは 60/2

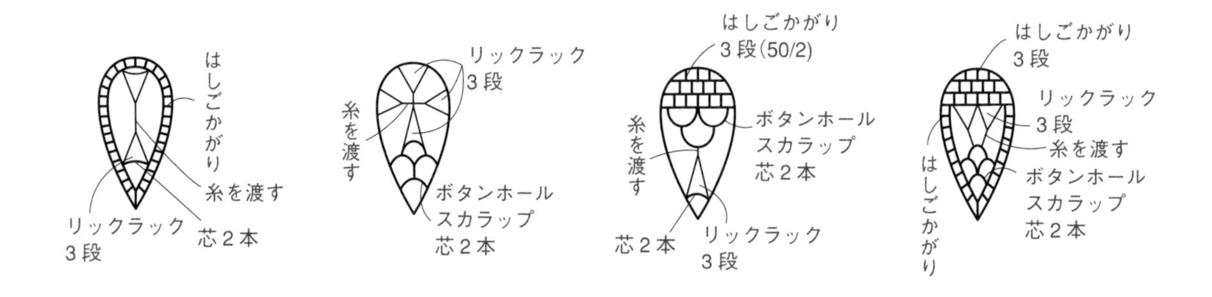

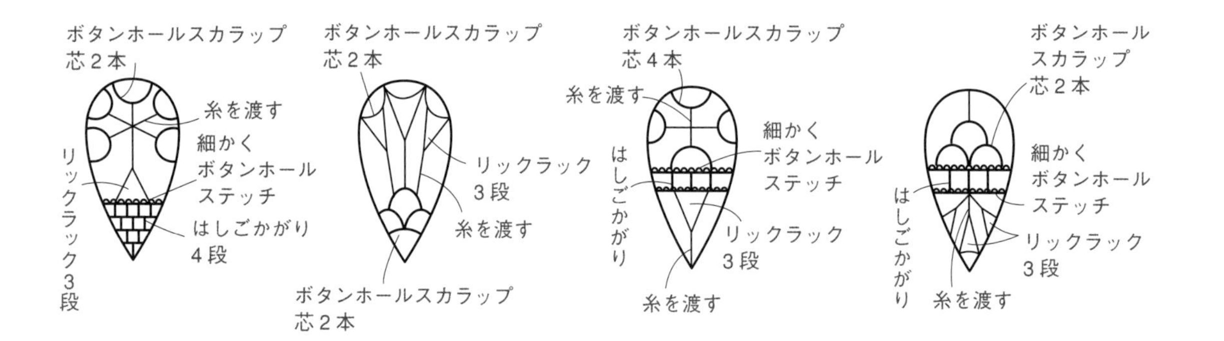

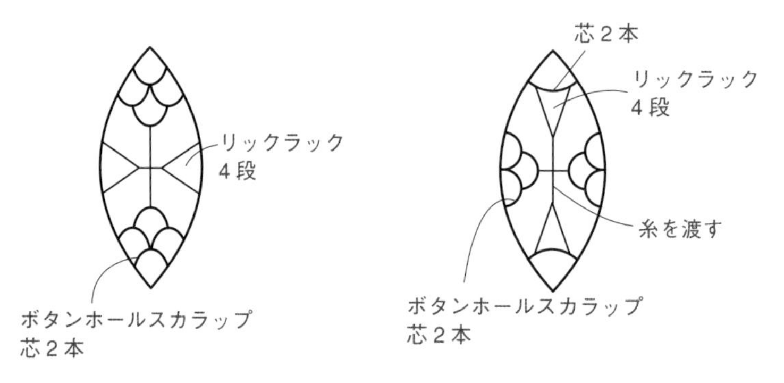

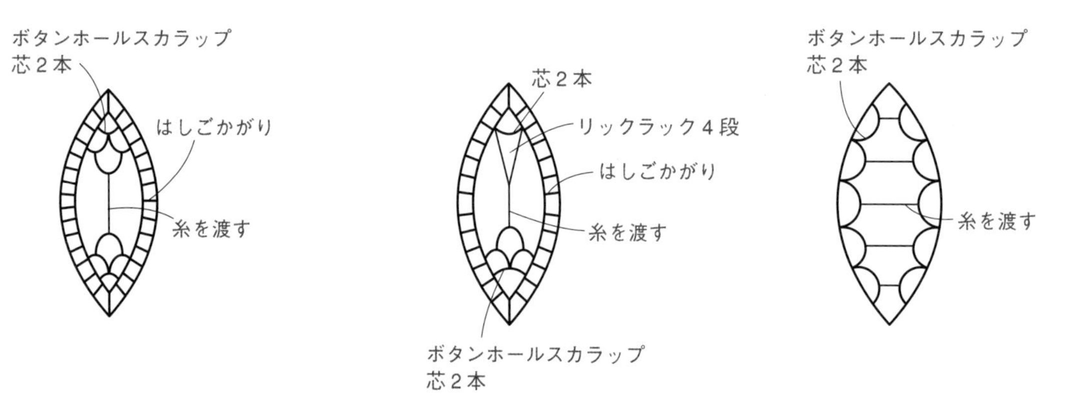

64~70

※**材料**　本体用布（目の詰まったリネン　白）

リネン糸（ボッケン）4/4-bl または 1/2-bl　50/2、60/2

輪かくのダブルランニングステッチとボタンホールステッチは 50/2、そのほかは 60/2

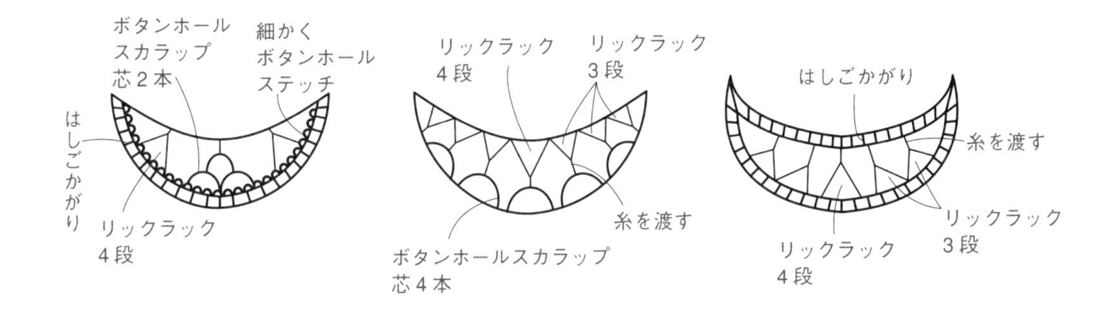

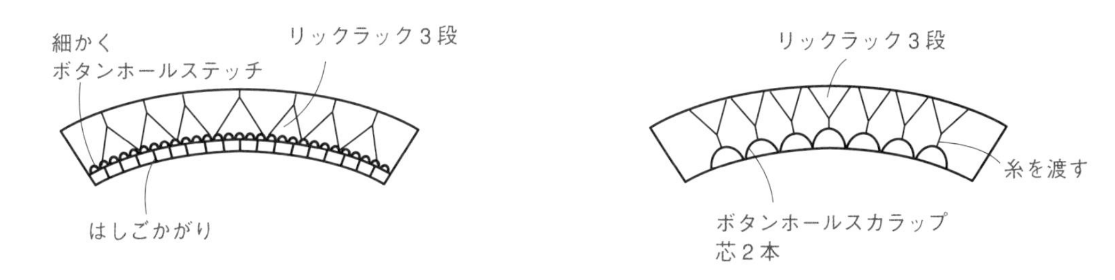

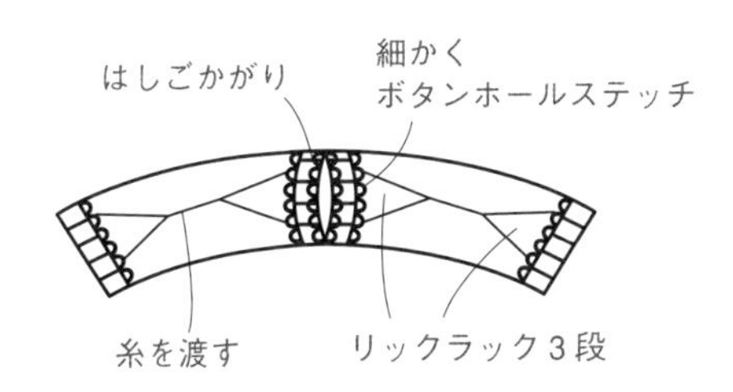

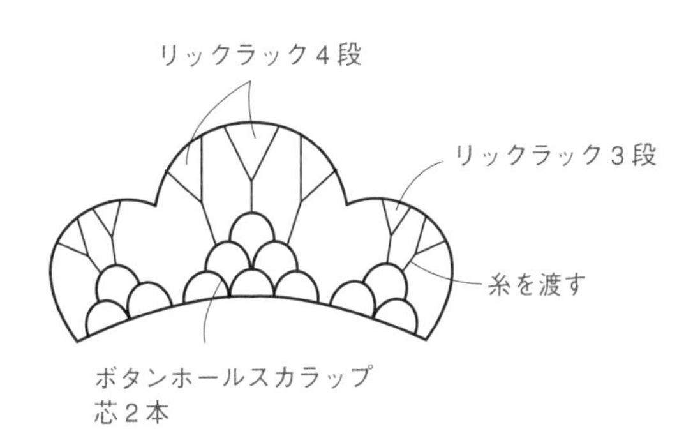

コースター 10 cm

71

7I

※材料　本体用布（目の詰まったリネン　白）15×15cm

糸はリネン糸とアブローダーのどちらかで刺す（写真はリネン糸）

リネン糸（ボッケン）4/4-bl　50/2、60/2

アブローダー（DMC）BLANC　#20、25、30

輪かくのダブルランニングステッチは50/2または#20、ボタンホールステッチは50/2または#25

そのほかは図に指定

※出来上がり寸法　10×10cm

72

72

※**材料**　本体用布（目の詰まったリネン　白）15×15cm

糸はリネン糸とアブローダーのどちらかで刺す（写真はリネン糸）

リネン糸（ボッケン）4/4-bl　50/2、60/2

アブローダー（DMC）BLANC　#20、25

輪かくのダブルランニングステッチとボタンホールステッチは50/2または#25

そのほかは図に指定

※**出来上がり寸法**　10×10cm

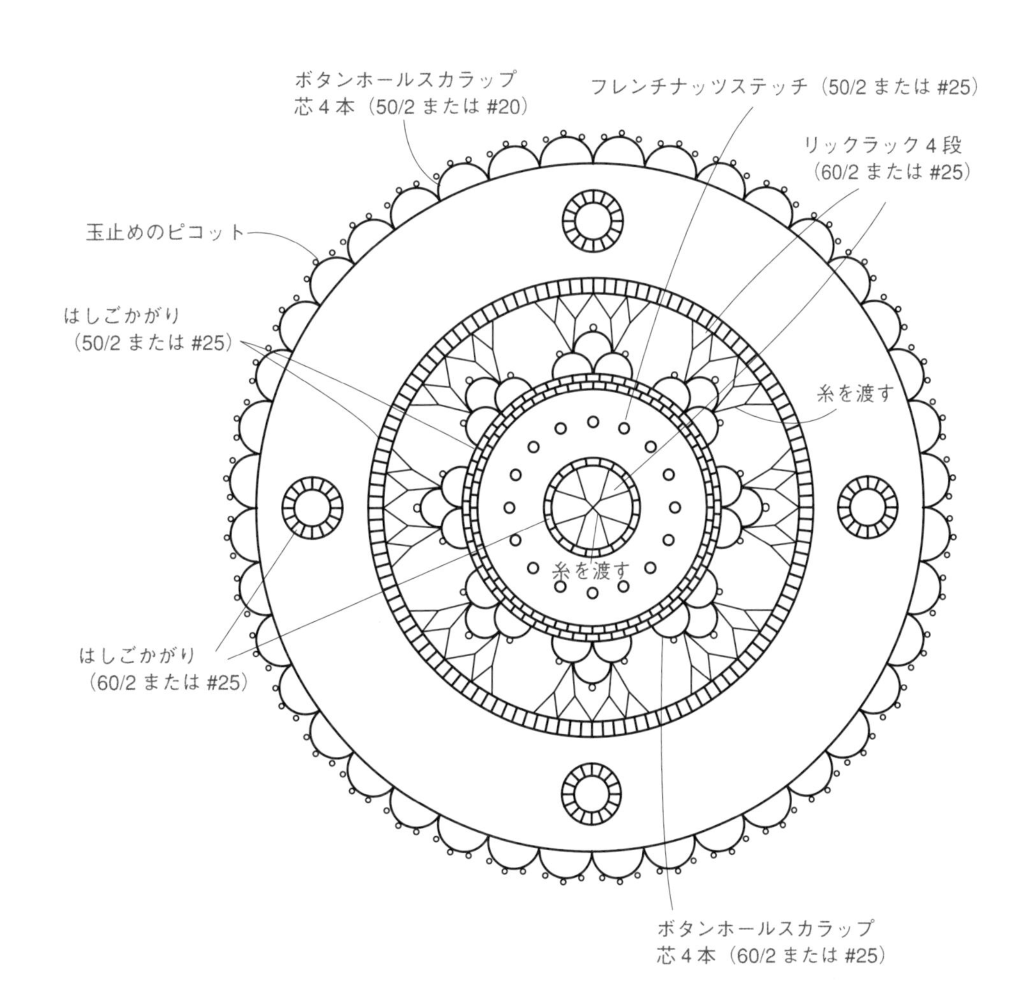

73

73

※材料　本体用布（目の詰まったリネン　白）15×15cm
糸はリネン糸とアブローダーのどちらかで刺す（写真はリネン糸）
リネン糸（ボッケン）4/4-bl　50/2、60/2
アブローダー（DMC）BLANC　#25、30

輪かくのダブルランニングステッチとボタンホールステッチは50/2または#25
そのほかは図に指定

※出来上がり寸法　10×10cm

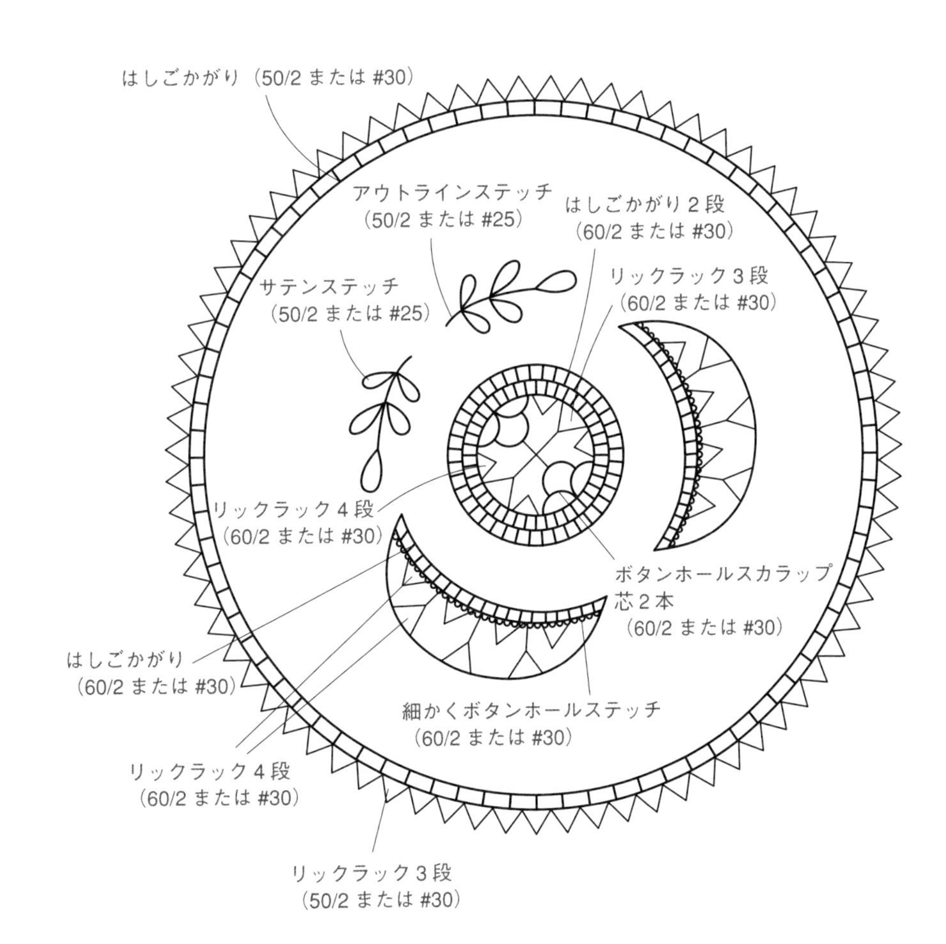

74

74

※材料　本体用布（目の詰まったリネン　白）15×15cm

糸はリネン糸とアブローダーのどちらかで刺す（写真はアブローダー）

リネン糸（ボッケン）4/4-bl または 1/2-bl　50/2、60/2

アブローダー（DMC）BLANC　#25、30

輪かくのダブルランニングステッチとボタンホールステッチは60/2または#25
そのほかは図に指定

※出来上がり寸法　10×10cm

75

75

※材料　本体用布（目の詰まったリネン　白）15×15cm

糸はリネン糸とアブローダーのどちらかで刺す（写真はアブローダー）

リネン糸（ボッケン）4/4-bl または 1/2-bl　50/2、60/2

アブローダー（DMC）BLANC　#25、30

輪かくのダブルランニングステッチとボタンホールステッチは60/2または#25

そのほかは図に指定

※出来上がり寸法　10×10cm

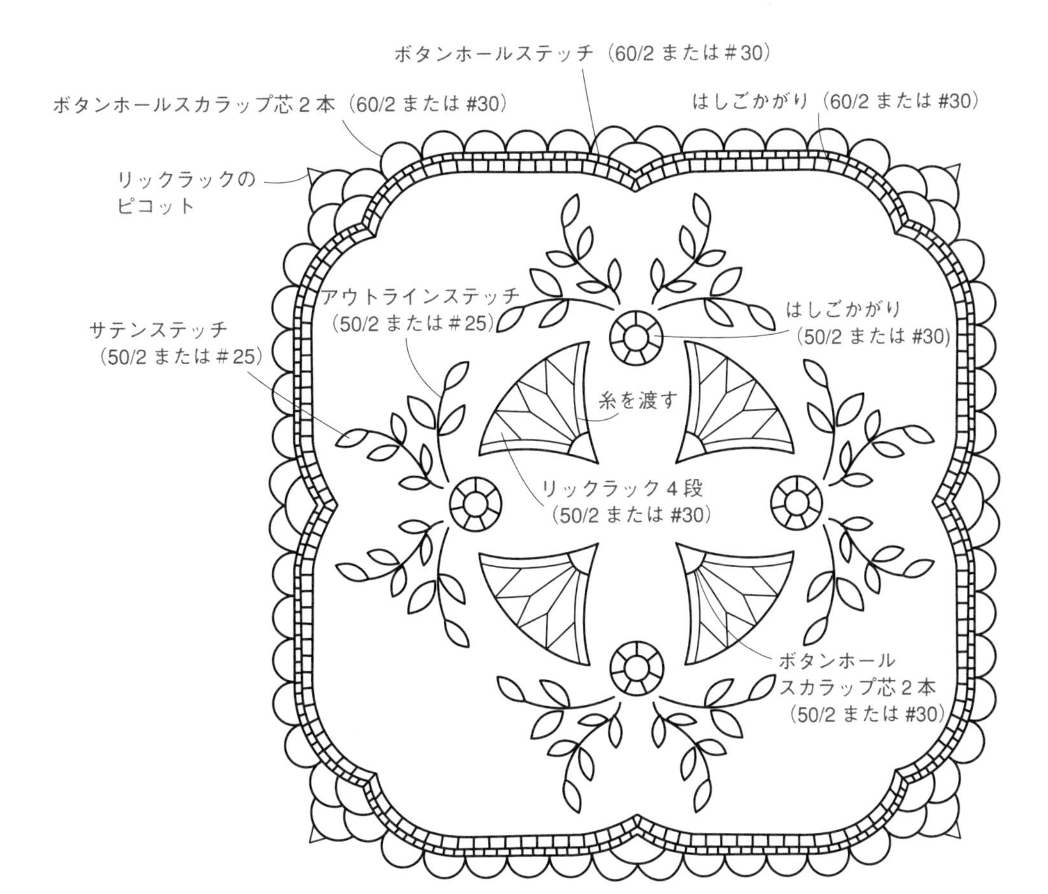

76

76

※材料　本体用布(目の詰まったリネン　白)15×15cm

糸はリネン糸とアブローダーのどちらかで刺す(写真はリネン糸)

リネン糸(ボッケン)4/4-bl　50/2、60/2

アブローダー(DMC)BLANC　#20、25

輪かくのダブルランニングステッチとボタンホールステッチは50/2または#20

そのほかは図に指定

※出来上がり寸法　9.5×9.5cm

端のステッチのしかた

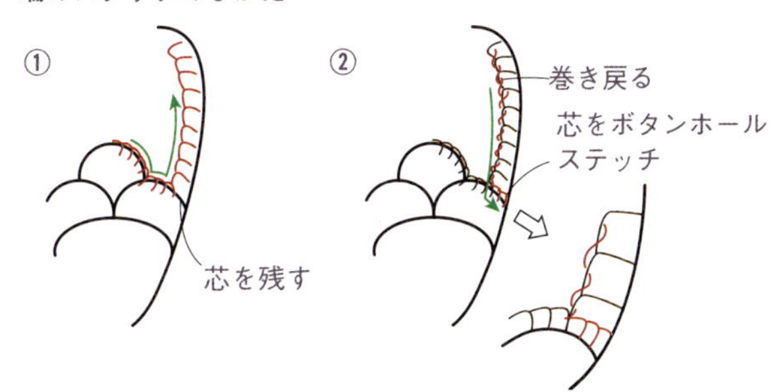

77

77

※**材料**　本体用布（目の詰まったリネン　白）15×15cm

糸はリネン糸とアブローダーのどちらかで刺す（写真はリネン糸）

リネン糸（ボッケン）4/4-bl　50/2、60/2

アブローダー（DMC）BLANC　#20、25、30

輪かくのダブルランニングステッチとボタンホールステッチは50/2または#25

そのほかは図に指定

※**出来上がり寸法**　9.5×9.5cm

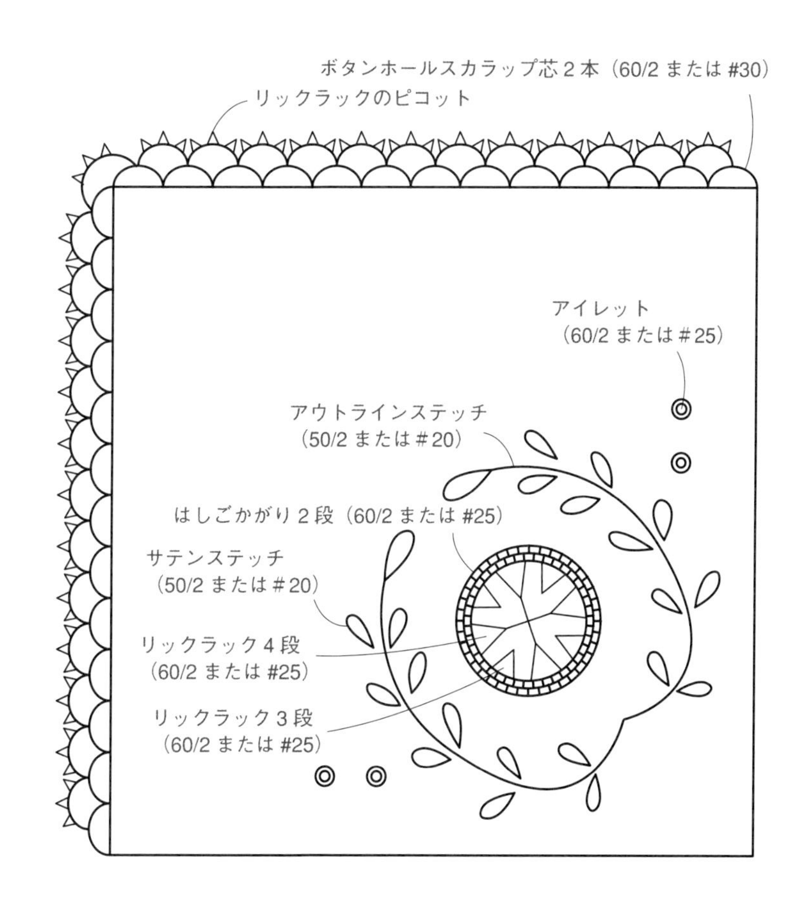

78

78

※材料　本体用布（目の詰まったリネン　白）15×15cm

糸はリネン糸とアブローダーのどちらかで刺す（写真はアブローダー）

リネン糸（ボッケン）4/4-blまたは1/2-bl　50/2、60/2

アブローダー（DMC）BLANC　#25、30

輪かくのダブルランニングステッチとボタンホールステッチは50/2または#25
そのほかは図に指定

※出来上がり寸法　10×10cm

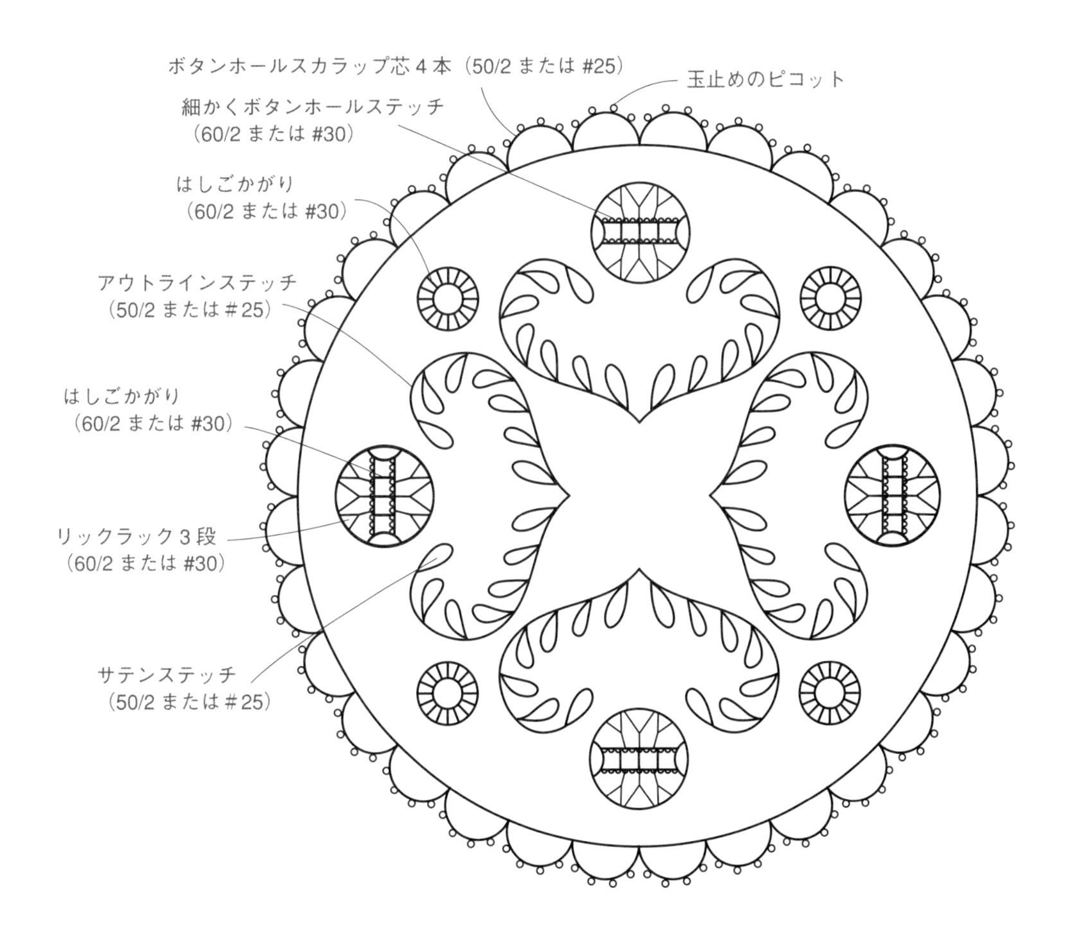

14ページより

14ページより

42ページより

ドイリー13cm

79

79

※材料　本体用布（目の詰まったリネン　白）20×20cm

糸はリネン糸とアブローダーのどちらかで刺す（写真はリネン糸）

リネン糸（ボッケン）4/4-bl　50/2、60/2

アブローダー（DMC）BLANC　#25

輪かくのダブルランニングステッチとボタンホールステッチは50/2または#25

そのほかは図に指定

※出来上がり寸法　13×13cm

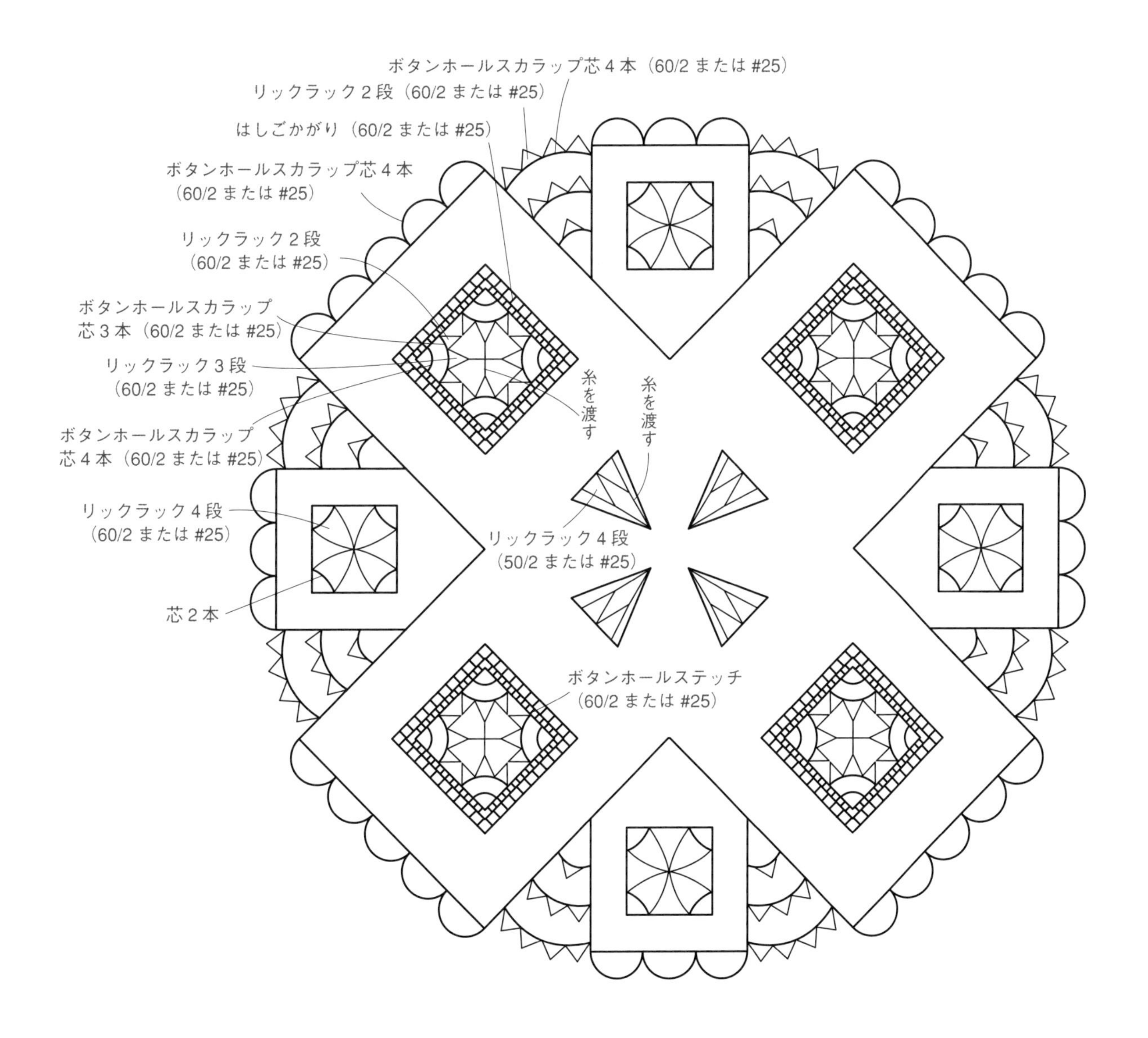

80

80

※**材料**　本体用布（目の詰まったリネン　白）20×20cm

糸はリネン糸とアブローダーのどちらかで刺す（写真はリネン糸）

リネン糸（ボッケン）4/4-bl　50/2、60/2

アブローダー（DMC）BLANC　#25、30

輪かくのダブルランニングステッチとボタンホールステッチは50/2または#25

そのほかは図に指定

※**出来上がり寸法**　13×13cm

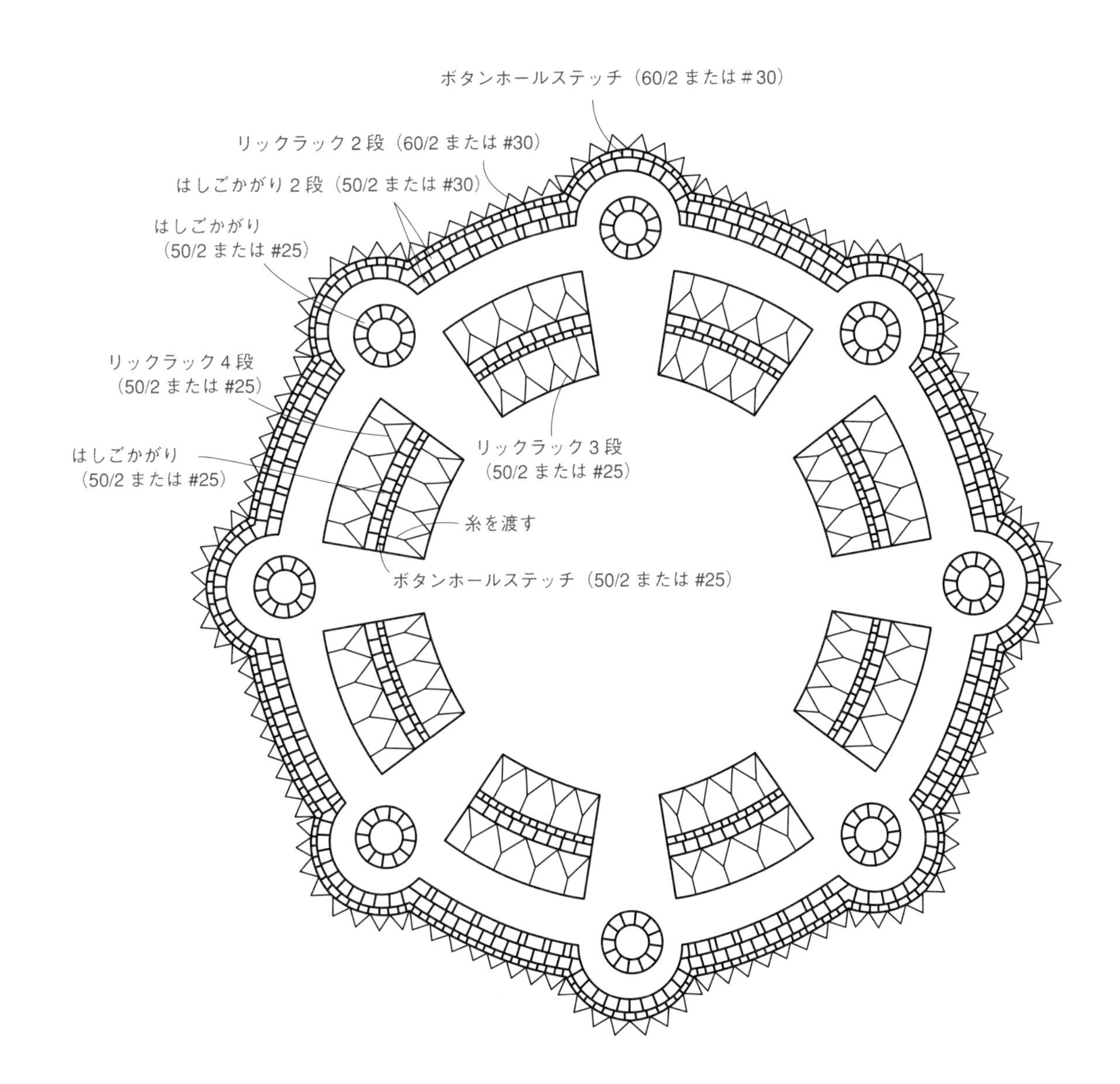

81

※**材料**　本体用布（目の詰まったリネン　白）20×20cm
糸はリネン糸とアブローダーのどちらかで刺す
リネン糸（ボッケン）4/4-blまたは1/2-bl　50/2、60/2
アブローダー（DMC）BLANC　#25、30

輪かくのダブルランニングステッチとボタンホールステッチは50/2または#25
そのほかは図に指定

※**出来上がり寸法**　13×13cm

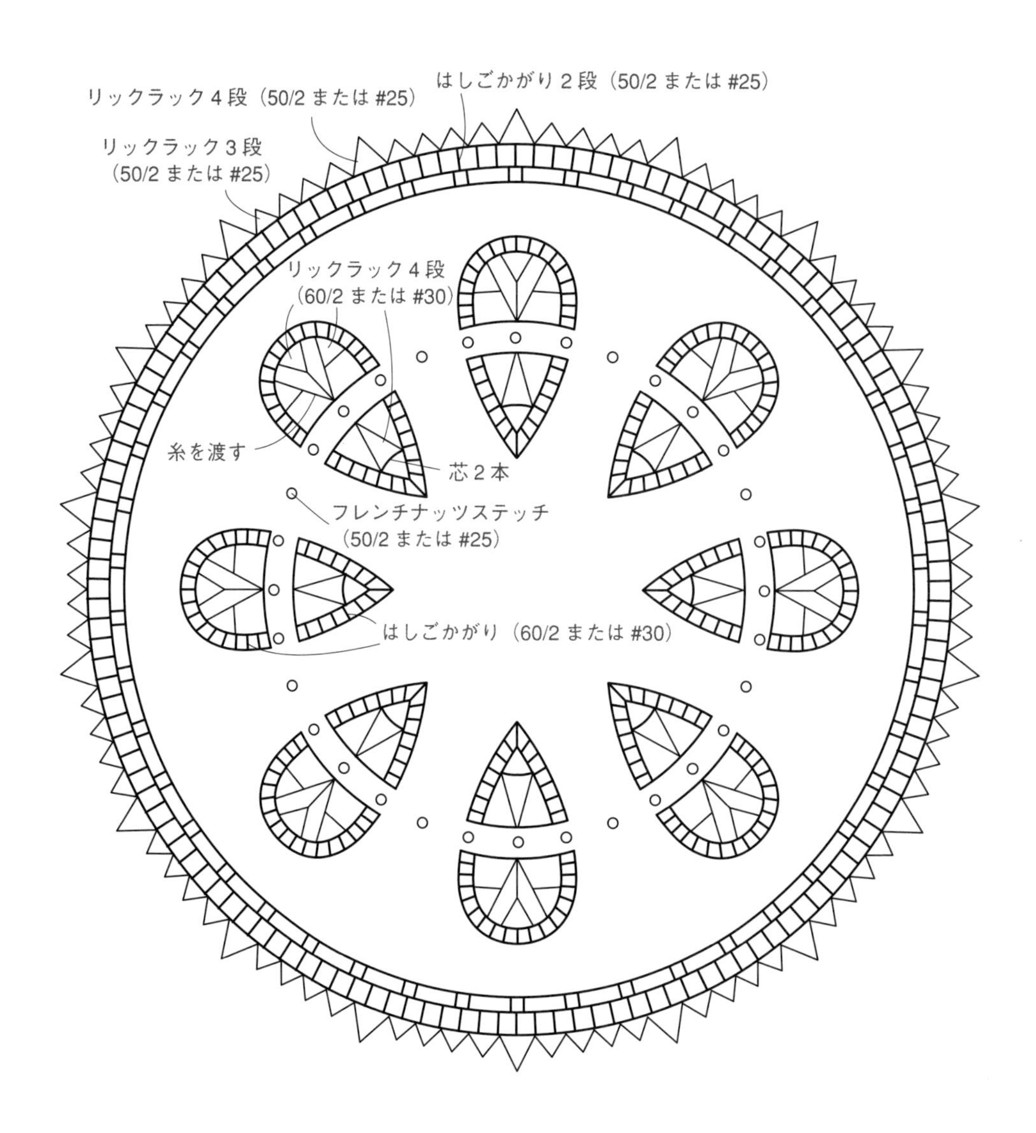

82

※材料　本体用布（目の詰まったリネン　白）20×20cm

糸はリネン糸とアブローダーのどちらかで刺す

リネン糸（ボッケン）4/4-blまたは1/2-bl　50/2、60/2

アブローダー（DMC）BLANC　#25、30

輪かくのダブルランニングステッチとボタンホールステッチは50/2または#25

そのほかは図に指定

※出来上がり寸法　13×13cm

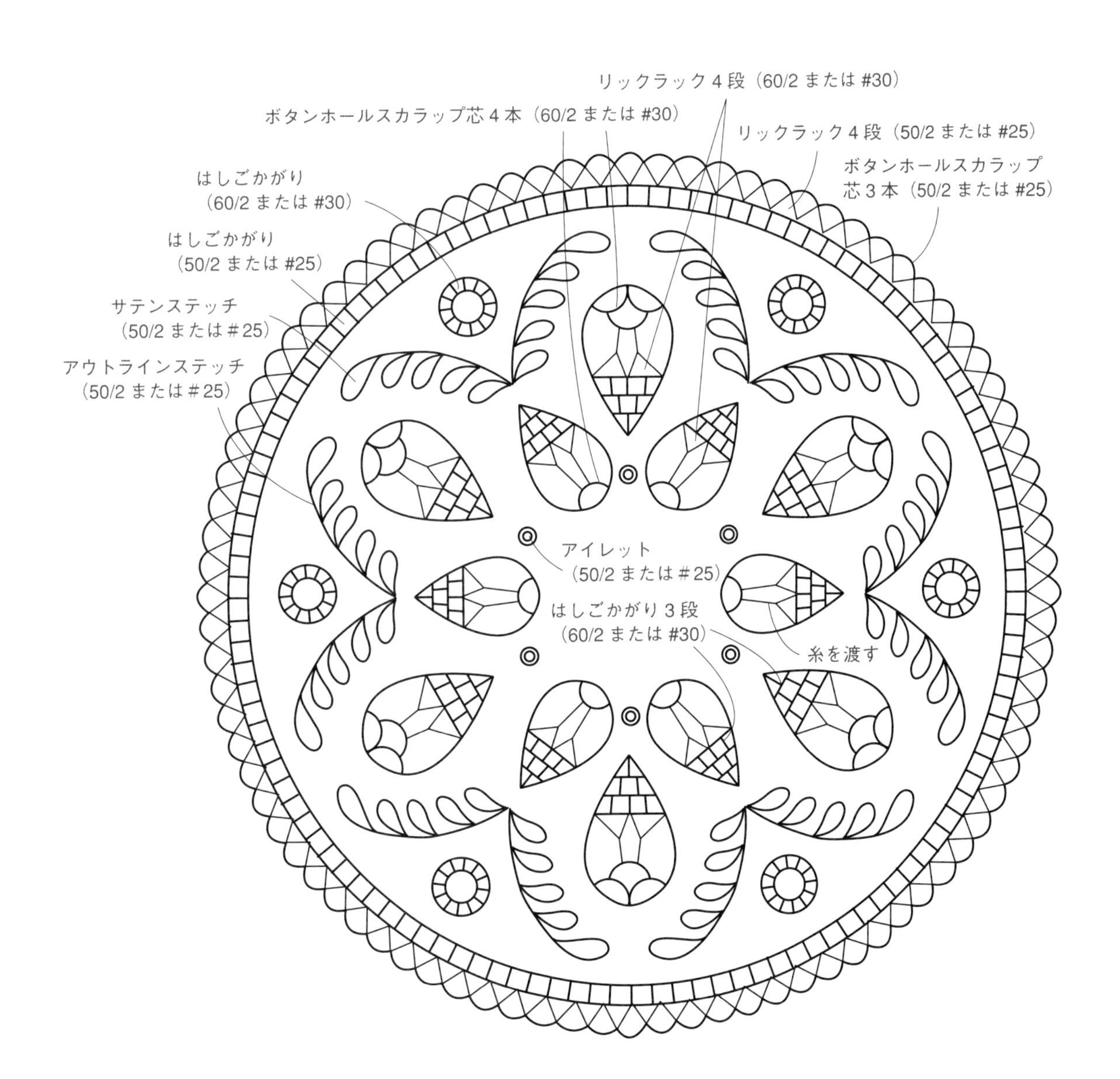

83

83

※**材料**　本体用布（目の詰まったリネン　白）20×20cm
糸はリネン糸とアブローダーのどちらかで刺す（写真はアブローダー）
リネン糸（ボッケン）4/4-bl または1/2-bl　50/2、60/2
アブローダー（DMC）BLANC　#25、30

輪かくのダブルランニングステッチとボタンホールステッチは50/2または#25
そのほかは図に指定

※**出来上がり寸法**　13×13cm

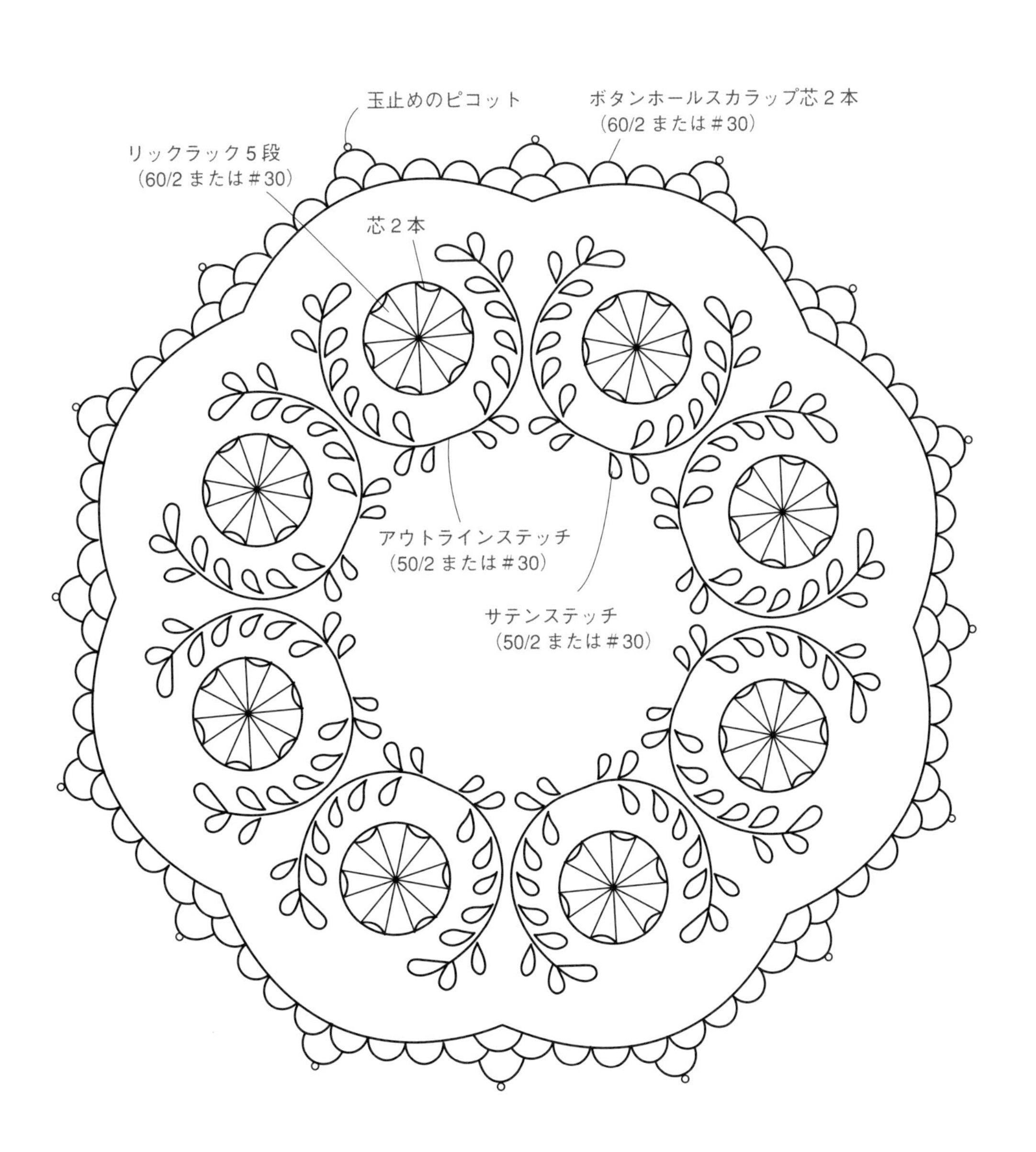

84

※材料　本体用布（目の詰まったリネン　白）20×20cm
糸はリネン糸とアブローダーのどちらかで刺す
リネン糸（ボッケン）4/4-bl または 1/2-bl　50/2、60/2
アブローダー（DMC）BLANC　#25、30

輪かくのダブルランニングステッチとボタンホールステッチは50/2または#25
そのほかは図に指定

※出来上がり寸法　13×13cm

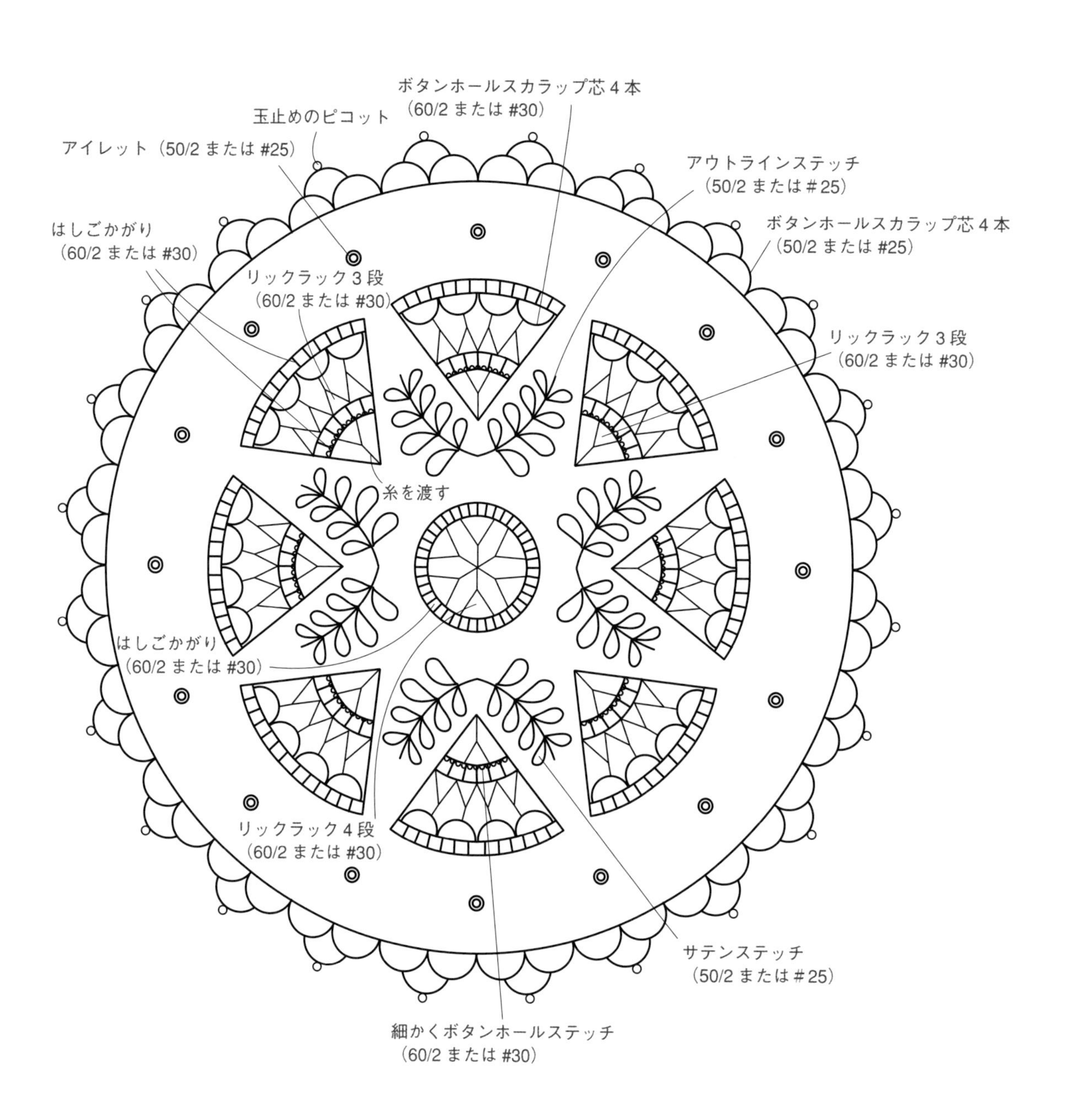

85

※材料　本体用布（目の詰まったリネン　白）20×20cm

糸はリネン糸とアブローダーのどちらかで刺す

リネン糸（ボッケン）4/4-blまたは1/2-bl　50/2、60/2

アブローダー（DMC）BLANC　#25、30

輪かくのダブルランニングステッチとボタンホールステッチは50/2または#25

そのほかは図に指定

※出来上がり寸法　13×13cm

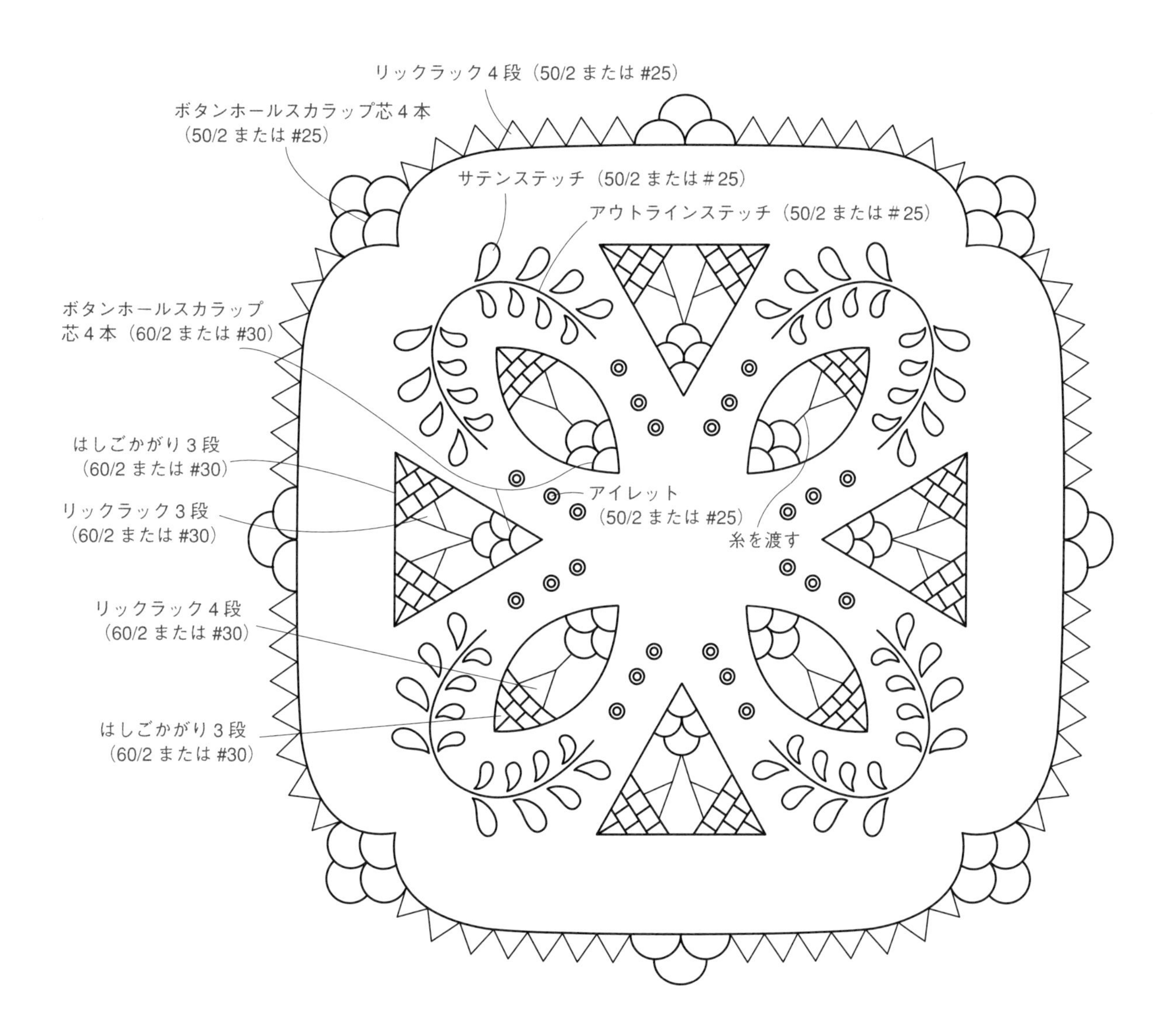

86

86

※材料　本体用布（目の詰まったリネン　白）20×20cm

糸はリネン糸とアブローダーのどちらかで刺す（写真はアブローダー）

リネン糸（ボッケン）4/4-bl または1/2-bl　50/2、60/2

アブローダー（DMC）BLANC　#25、30

輪かくのダブルランニングステッチとボタンホールステッチは50/2または#25

そのほかは図に指定

※出来上がり寸法　13×13cm

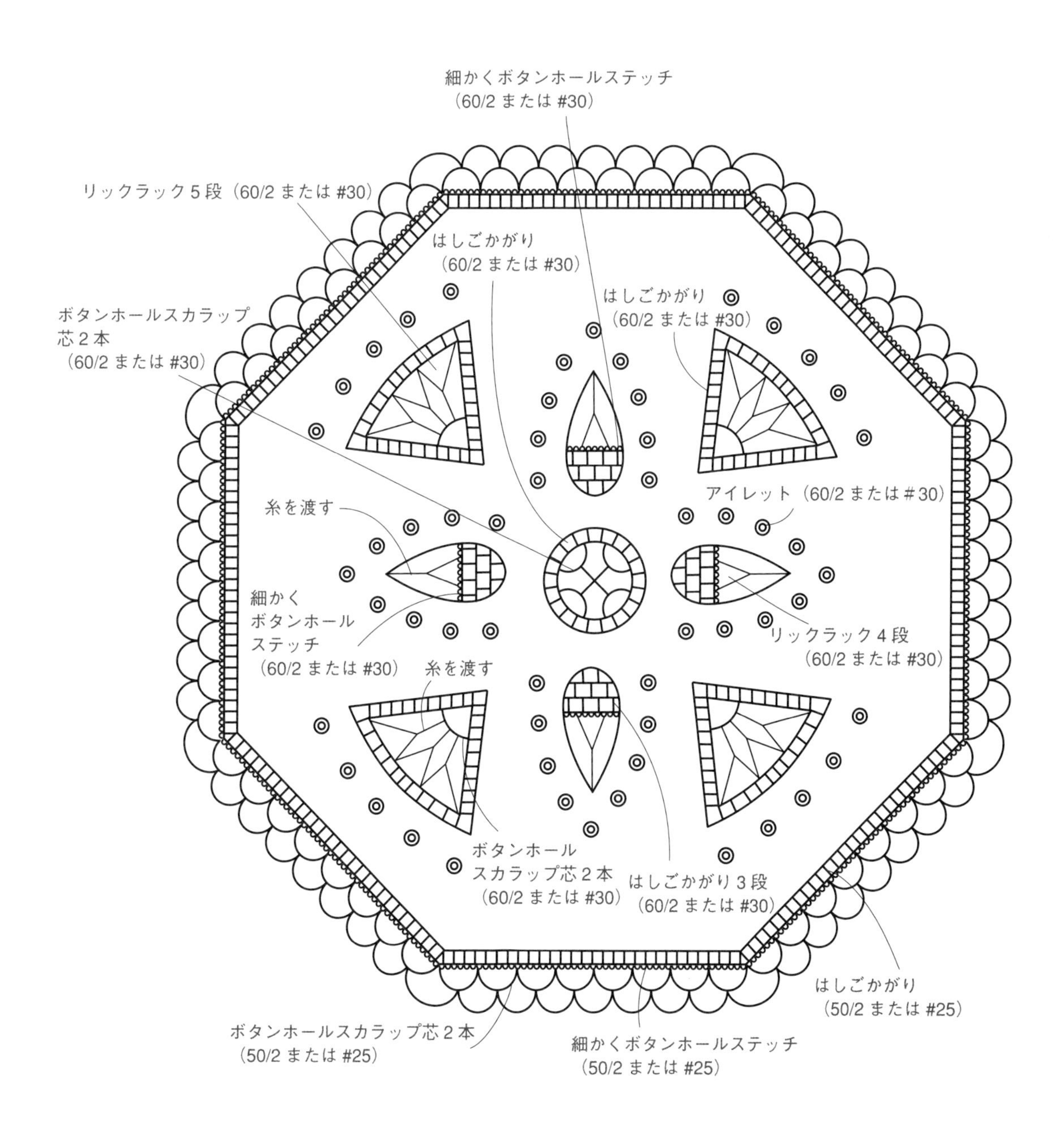

54ページより

46ページより

50ページより

ドイリー 15cm

87

87

※**材料**　本体用布（目の詰まったリネン　白）20×20cm

糸はリネン糸とアブローダーのどちらかで刺す（写真はリネン糸）

リネン糸（ボッケン）4/4-bl　50/2、60/2

アブローダー（DMC）BLANC　#25、30

輪かくのダブルランニングステッチとボタンホールステッチは50/2または#25

そのほかは図に指定

※**出来上がり寸法**　16×15cm

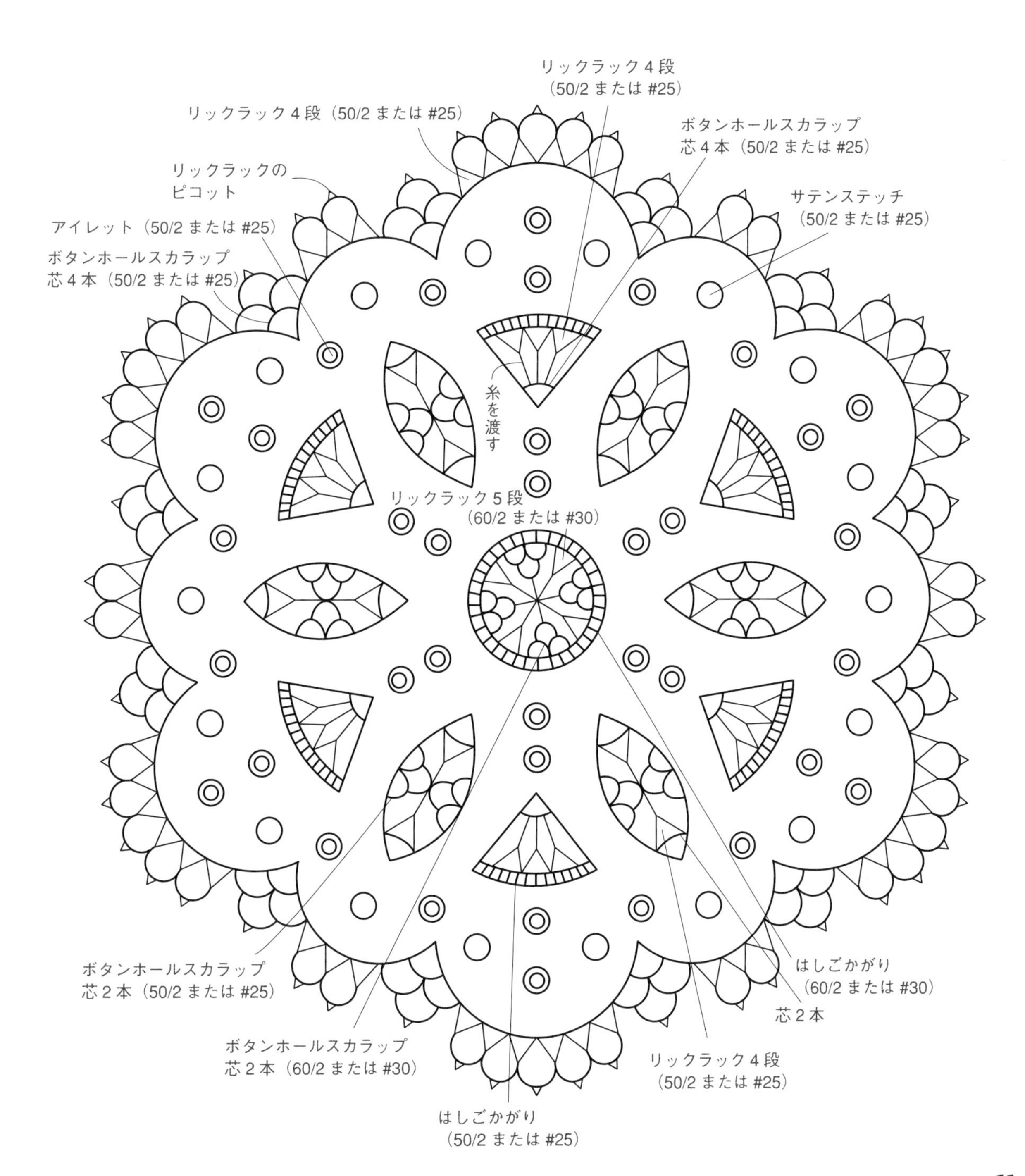

88

※**材料**　本体用布（目の詰まったリネン　白）25×25cm

糸はリネン糸とアブローダーのどちらかで刺す

リネン糸（ボッケン）4/4-blまたは1/2-bl　50/2、60/2

アブローダー（DMC）BLANC　#20、25、30

輪かくのダブルランニングステッチとボタンホールステッチは50/2または#25

そのほかは図に指定

※**出来上がり寸法**　15×15cm

89

※材料　本体用布（目の詰まったリネン　白）25×25cm
糸はリネン糸とアブローダーのどちらかで刺す
リネン糸（ボッケン）4/4-blまたは1/2-bl　50/2
アブローダー（DMC）BLANC　#20、25

輪かくのダブルランニングステッチとボタンホールステッチは50/2または#25
そのほかは図に指定

※出来上がり寸法　15×15cm

90

※材料　本体用布（目の詰まったリネン　白）25×25cm

糸はリネン糸とアブローダーのどちらかで刺す

リネン糸（ボッケン）4/4-bl または1/2-bl　50/2、60/2

アブローダー（DMC）BLANC　#25、30

輪かくのダブルランニングステッチとボタンホールステッチは50/2または#25

そのほかは図に指定

※出来上がり寸法　15×15cm

91

※材料　本体用布（目の詰まったリネン　白）25×25cm

糸はリネン糸とアブローダーのどちらかで刺す

リネン糸（ボッケン）4/4-bl または 1/2-bl　40/2、50/2

アブローダー（DMC）BLANC　#20、25

輪かくのダブルランニングステッチとボタンホールステッチは 50/2 または #25

そのほかは図に指定

※出来上がり寸法　15×15cm

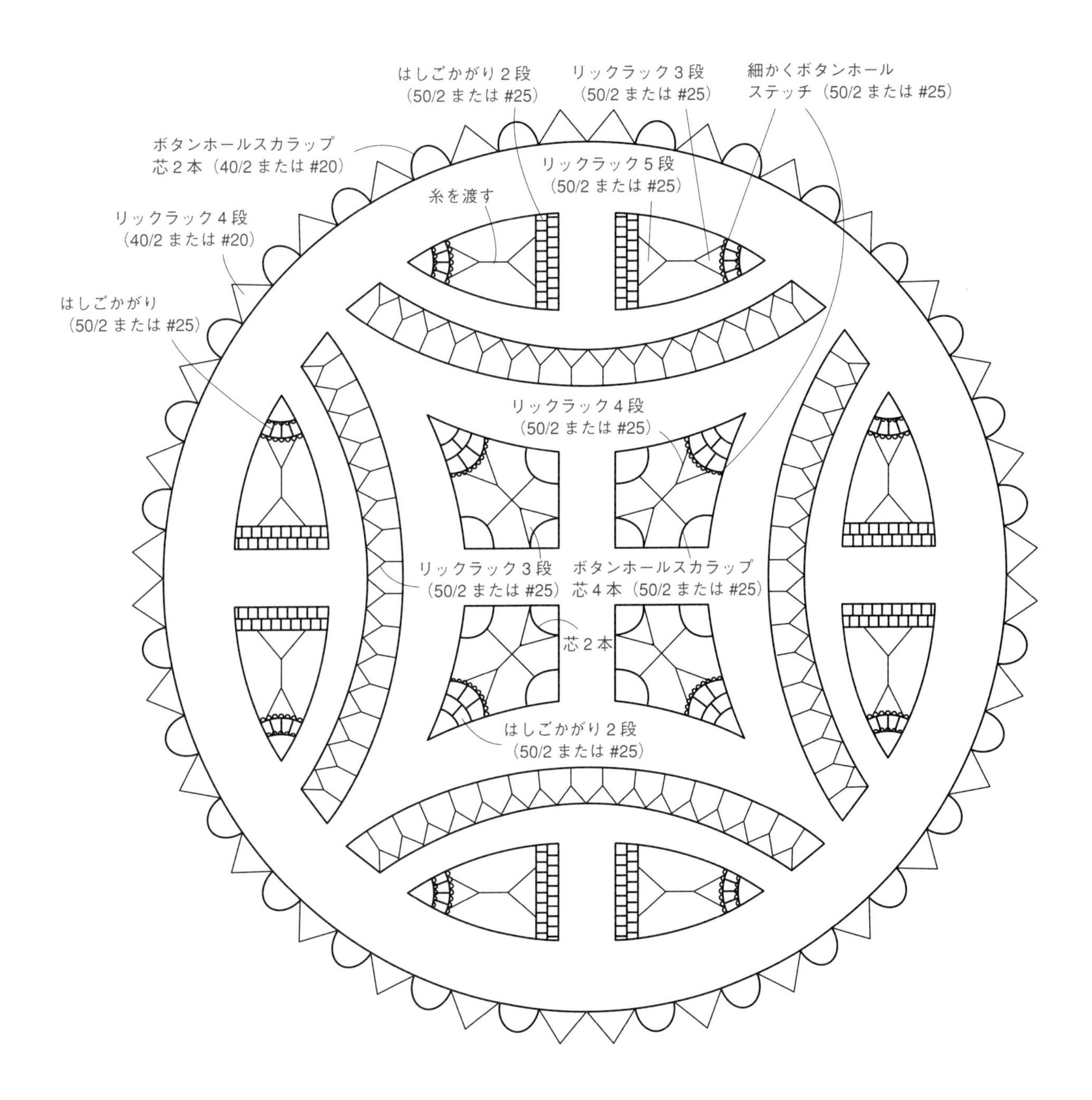

92

92

※**材料**　本体用布(目の詰まったリネン　白)25×25cm

糸はリネン糸とアブローダーのどちらかで刺す(写真はアブローダー)

リネン糸(ボッケン)4/4-bl または1/2-bl　50/2、60/2

アブローダー(DMC)BLANC　#25、30

輪かくのダブルランニングステッチとボタンホールステッチは50/2または#25

そのほかは図に指定

※**出来上がり寸法**　15×15cm

93

※材料 本体用布（目の詰まったリネン　白）25×25cm

糸はリネン糸とアブローダーのどちらかで刺す

リネン糸（ボッケン）4/4-blまたは1/2-bl　40/2、50/2

アブローダー（DMC）BLANC　#25

輪かくのダブルランニングステッチとボタンホールステッチは50/2または#25

そのほかは図に指定

※出来上がり寸法　15×15cm

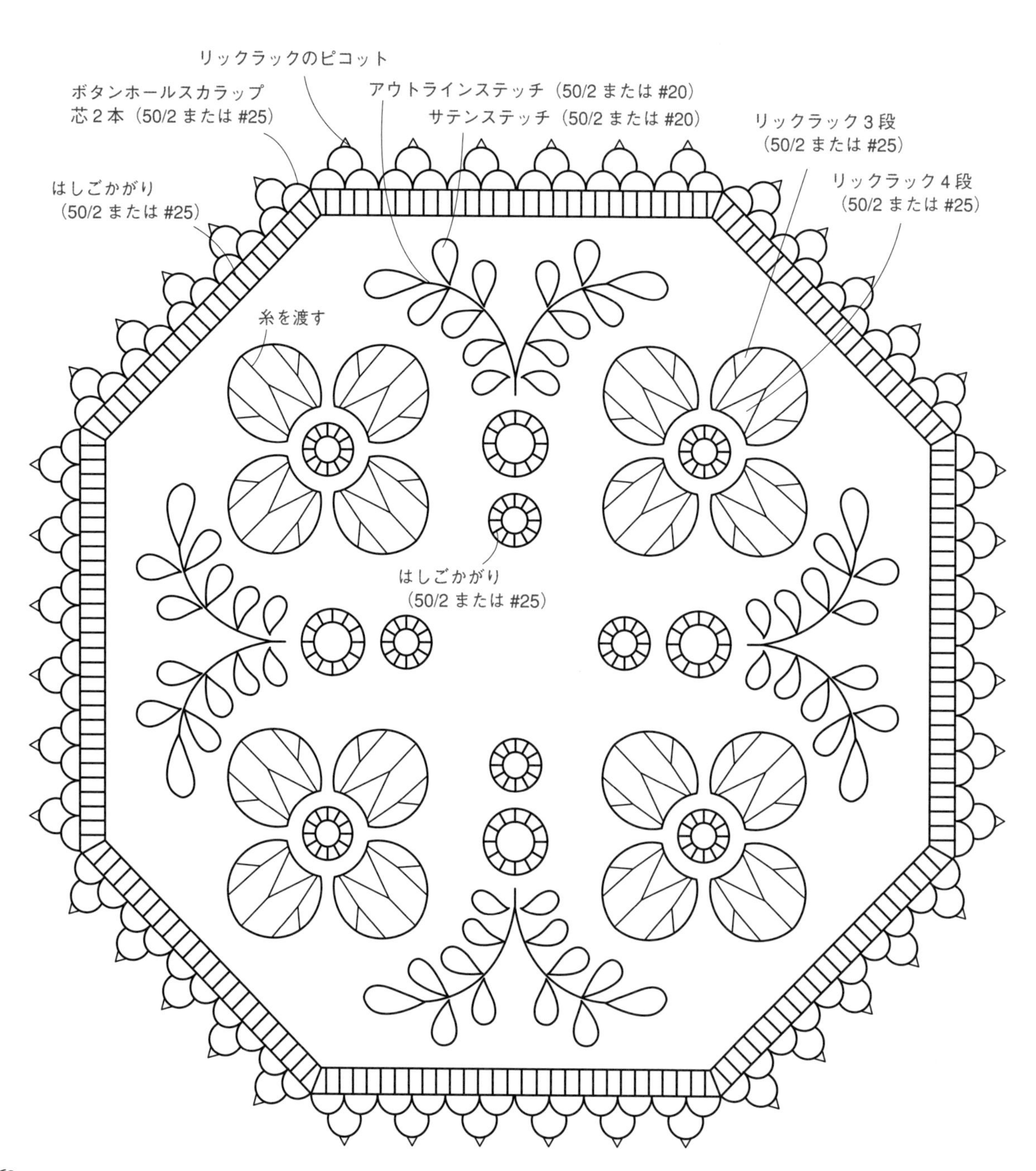

94

※材料　本体用布（目の詰まったリネン　白）25×25cm

糸はリネン糸とアブローダーのどちらかで刺す

リネン糸（ボッケン）4/4-bl または 1/2-bl　50/2

アブローダー（DMC）BLANC　#25

輪かくのダブルランニングステッチとボタンホールステッチは50/2または#25

そのほかは図に指定

※出来上がり寸法　15×15cm

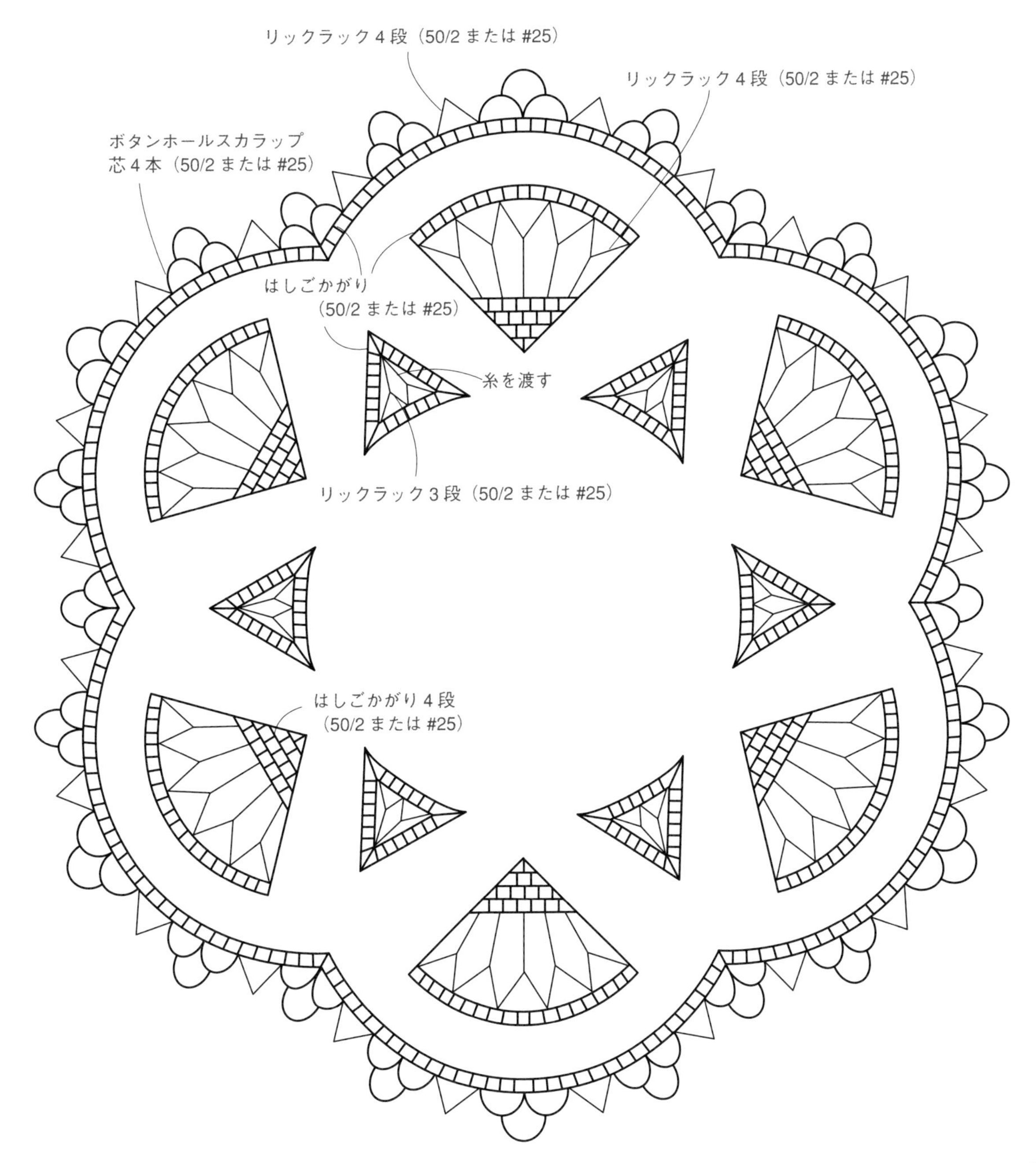

95 ※**材料**　本体用布（目の詰まったリネン　白）25×25cm
糸はリネン糸とアブローダーのどちらかで刺す
リネン糸（ボッケン）4/4-bl または 1/2-bl　50/2
アブローダー（DMC）BLANC　#25

輪かくのダブルランニングステッチとボタンホールステッチは 50/2 または #25
そのほかは図に指定

※**出来上がり寸法**　15×15cm

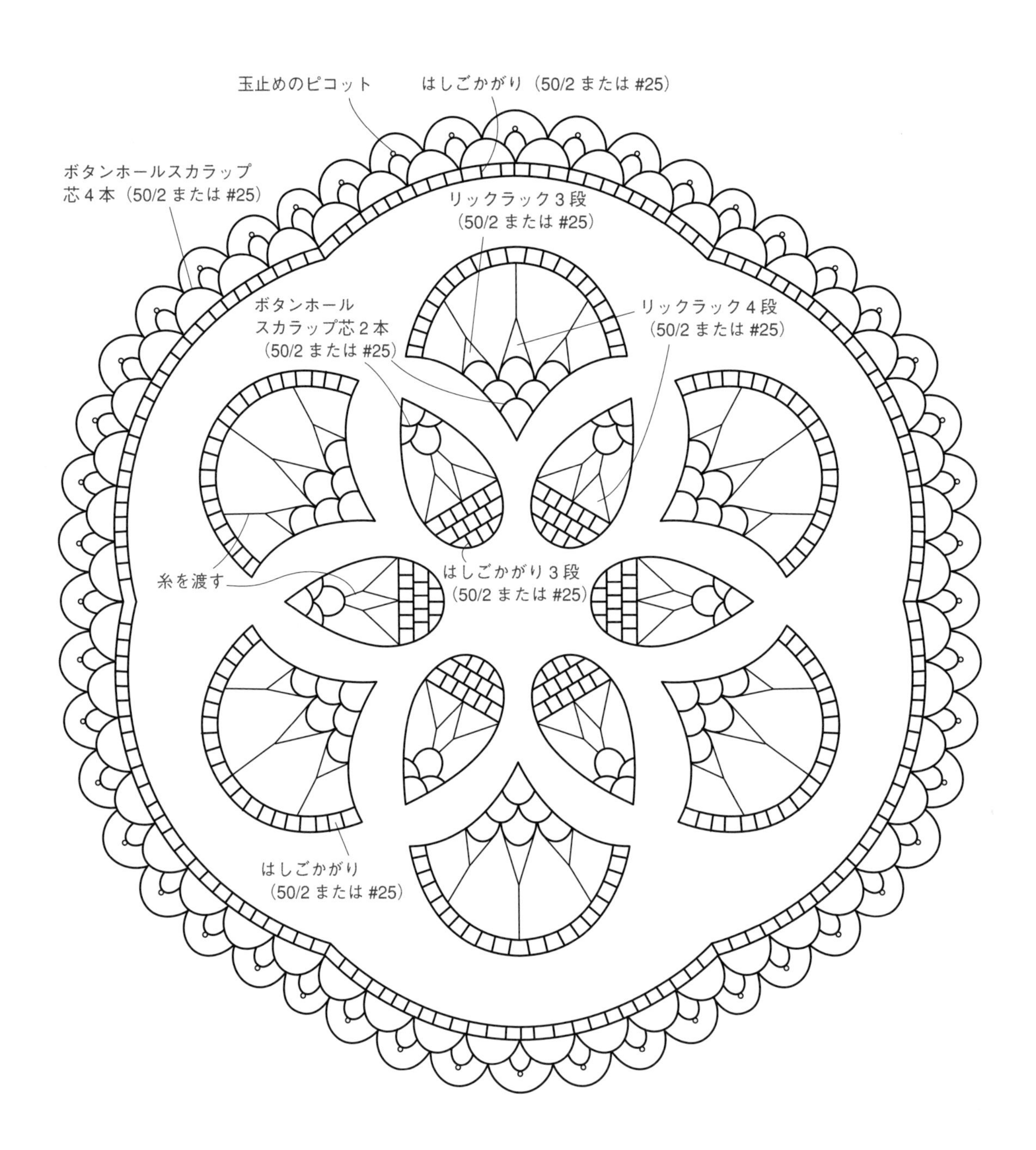

96

※**材料**　本体用布（目の詰まったリネン　白）25×25cm

糸はリネン糸とアブローダーのどちらかで刺す

リネン糸（ボッケン）4/4-bl または 1/2-bl　50/2

アブローダー（DMC）BLANC　#20、25

輪かくのダブルランニングステッチとボタンホールステッチは50/2または#20

そのほかは図に指定

※**出来上がり寸法**　15×14cm

ボタンホールスカラップ芯3本（50/2 または #25）

リックラック4段（50/2 または #25）

はしごかがり（50/2 または #25）

リックラック4段（50/2 または #25）

玉止めのピコット

糸を渡す

アイレット（50/2 または #25）

アウトラインステッチ（50/2 または #25）

サテンステッチ（50/2 または #25）

はしごかがり（50/2 または #25）

ボタンホールスカラップ芯2本（50/2 または #25）

60ページより

68ページより

97

98

99

97～122

※**材料**（アルファベット共通）　本体用布（目の詰まったリネン　白）
糸はリネン糸とアブローダーのどちらかで刺す
（写真のABCはリネン糸、RSTはアブローダー）
リネン糸（ボッケン）4/4-bl　40/3、50/2、60/2
アブローダー（DMC）BLANC　#16、25、30

輪かくのダブルランニングステッチとボタンホールステッチは50/2または#25
図に指定以外は60/2、#30

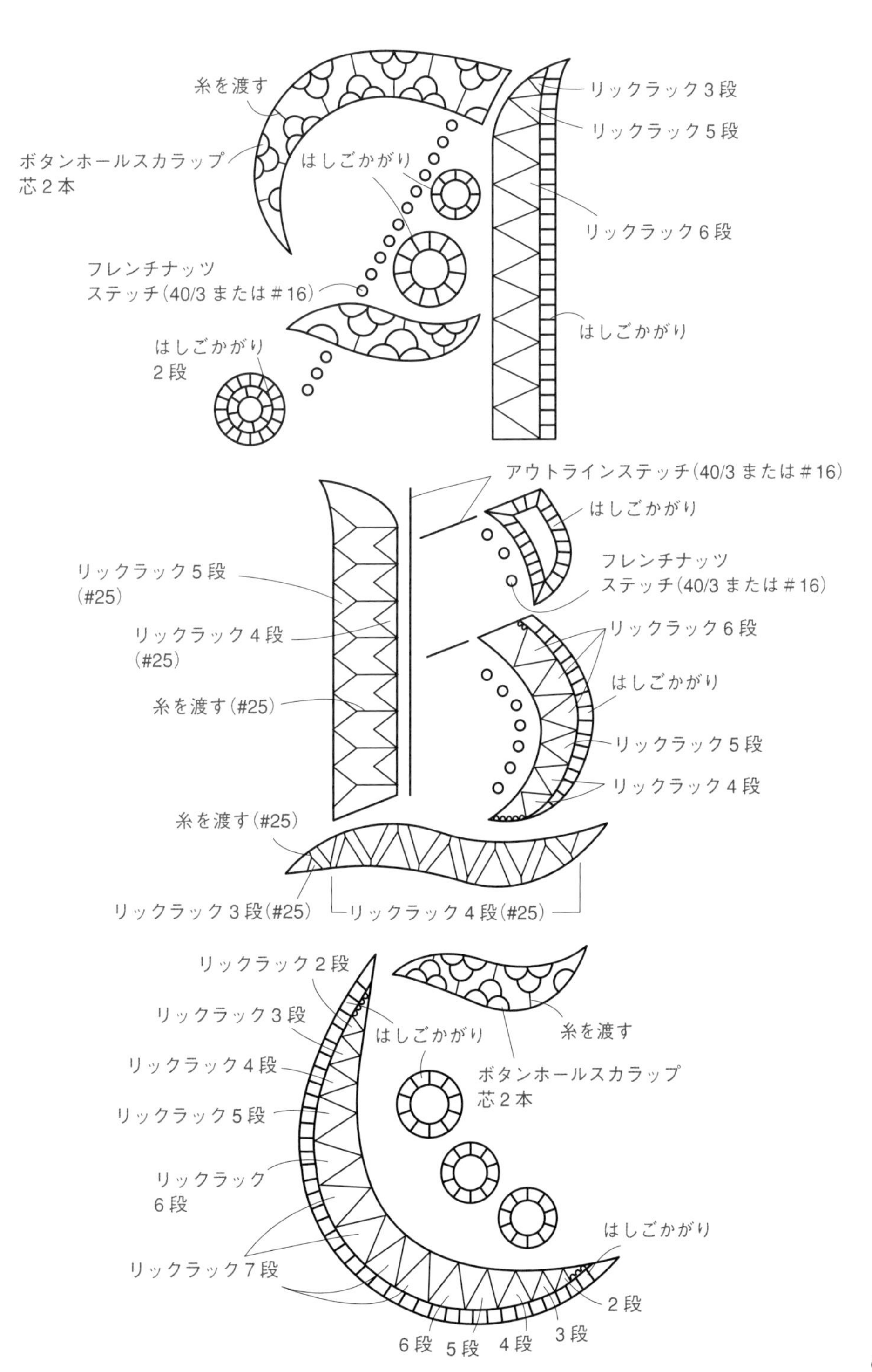

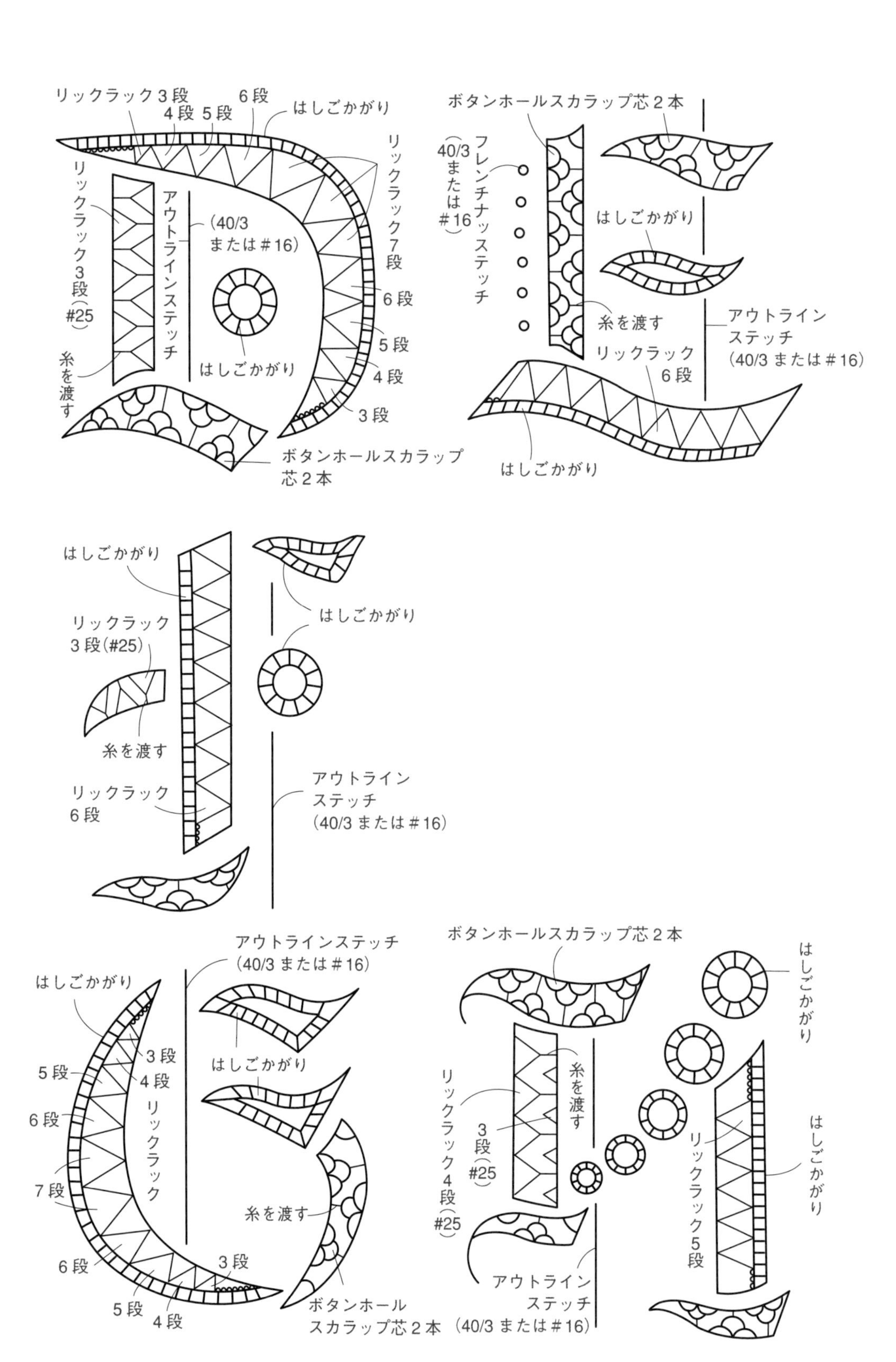
リックラック3段
4段 5段
6段
はしごかがり
リックラック3段(#25)
アウトラインステッチ
(40/3 または#16)
リックラック7段
6段
5段
4段
3段
はしごかがり
糸を渡す
ボタンホールスカラップ芯2本
ボタンホールスカラップ芯2本
フレンチナッツステッチ(40/3 または#16)
はしごかがり
糸を渡す
アウトラインステッチ(40/3 または#16)
リックラック6段
はしごかがり
はしごかがり
リックラック3段(#25)
はしごかがり
糸を渡す
リックラック6段
アウトラインステッチ(40/3 または#16)
アウトラインステッチ(40/3 または#16)
はしごかがり
3段
5段
4段
6段
リックラック
7段
はしごかがり
糸を渡す
6段
3段
5段
4段
ボタンホールスカラップ芯2本
ボタンホールスカラップ芯2本
はしごかがり
糸を渡す
リックラック3段(#25)
リックラック4段(#25)
リックラック5段
はしごかがり
アウトラインステッチ(40/3 または#16)

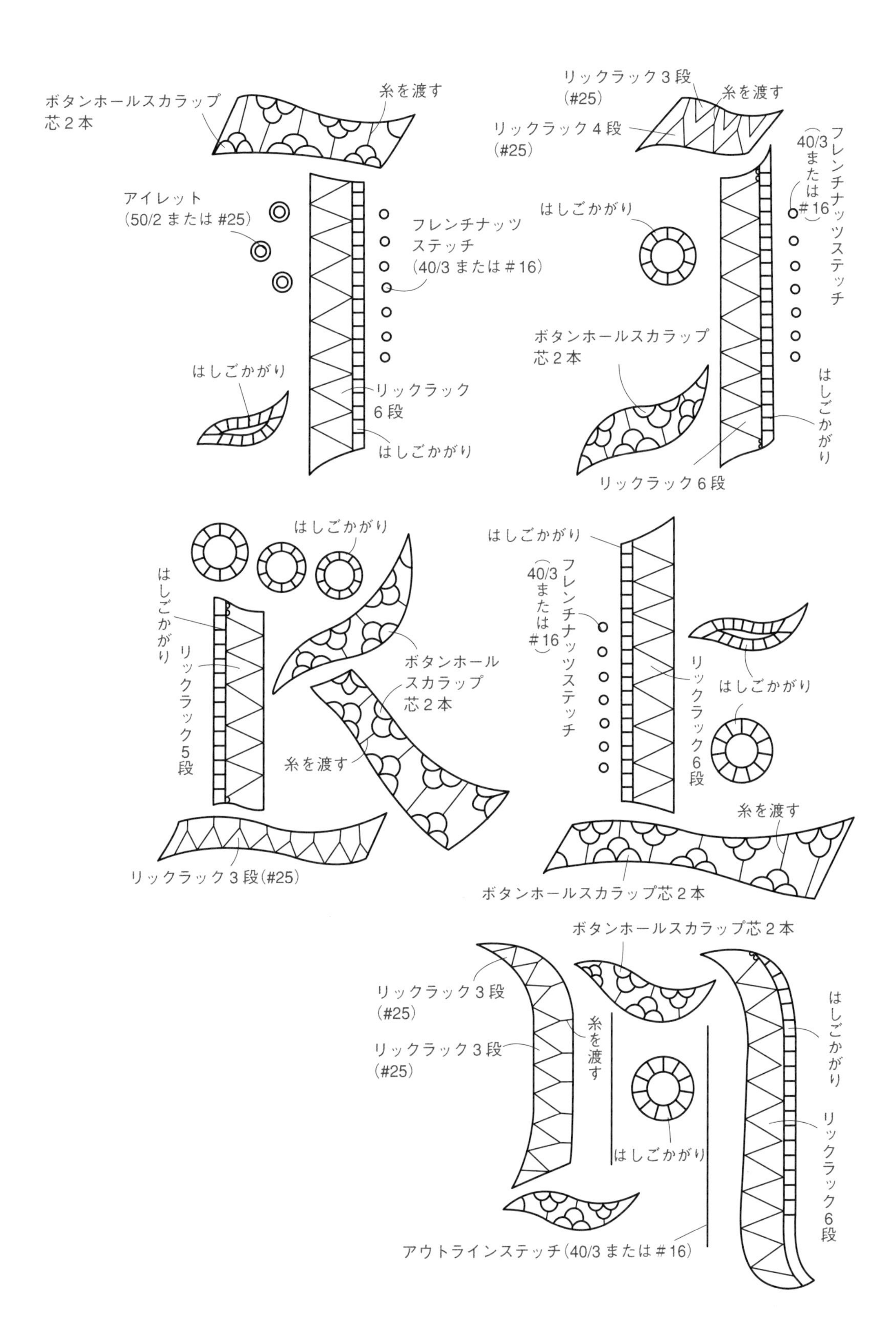
ボタンホールスカラップ
芯２本
糸を渡す
アイレット
(50/2 または #25)
フレンチナッツ
ステッチ
(40/3 または #16)
はしごかがり
リックラック
6段
はしごかがり
リックラック３段
(#25)
糸を渡す
リックラック４段
(#25)
40/3
または
#16
フレンチナッツステッチ
はしごかがり
ボタンホールスカラップ
芯２本
はしごかがり
リックラック６段
はしごかがり
はしごかがり
リックラック5段
ボタンホール
スカラップ
芯２本
糸を渡す
リックラック３段(#25)
はしごかがり
40/3
または
#16
フレンチナッツステッチ
リックラック6段
はしごかがり
糸を渡す
ボタンホールスカラップ芯２本
ボタンホールスカラップ芯２本
リックラック３段
(#25)
糸を渡す
リックラック３段
(#25)
はしごかがり
はしごかがり
リックラック6段
アウトラインステッチ(40/3 または #16)

※ほかのアルファベットは174ページに掲載

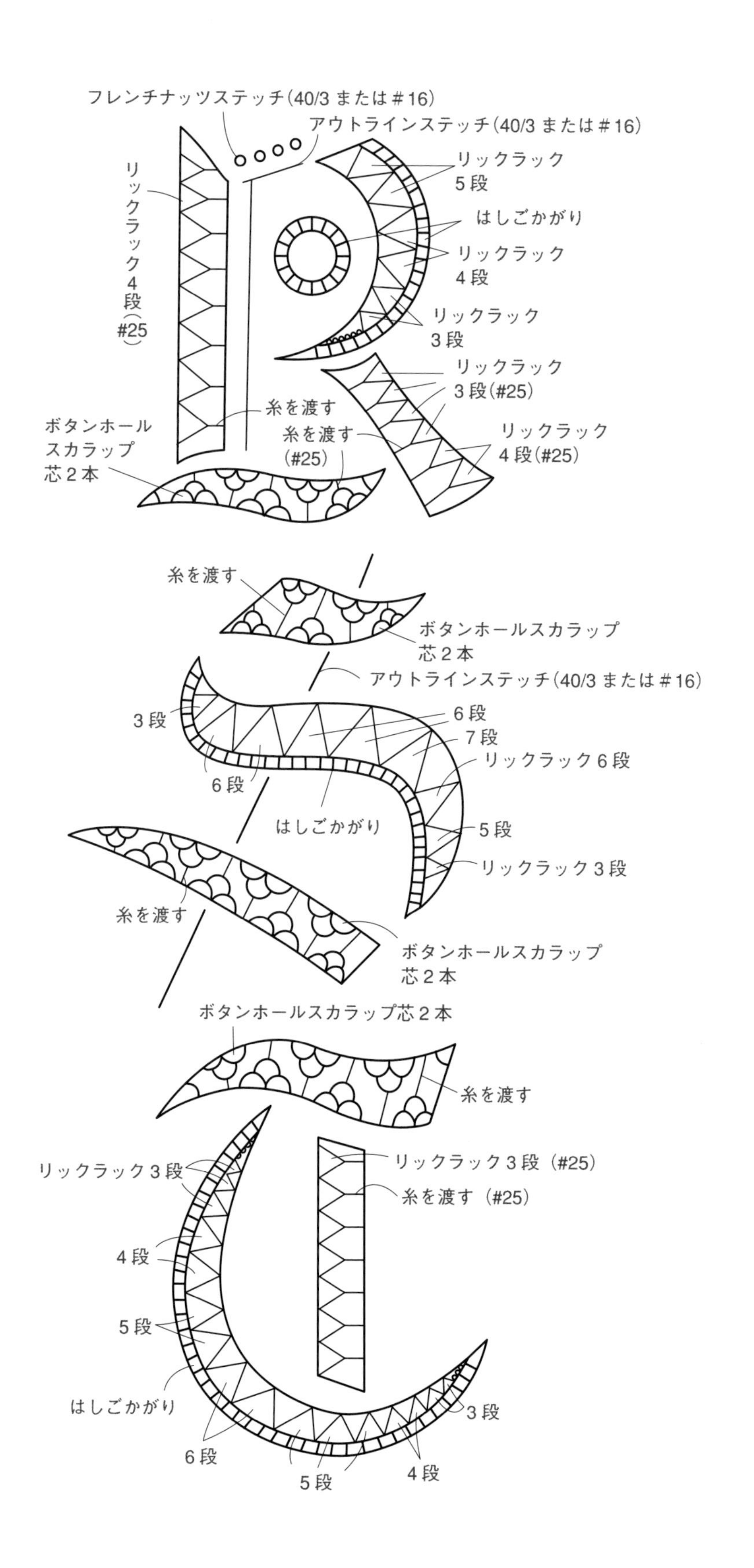

114

115

116

123～124

※**材料**　本体用布（目の詰まったリネン　白）
リネン糸（ボッケン）4/4-blまたは1/2-bl　50/2、60/2
輪かくのダブルランニングステッチとボタンホールステッチは50/2
そのほかは60/2

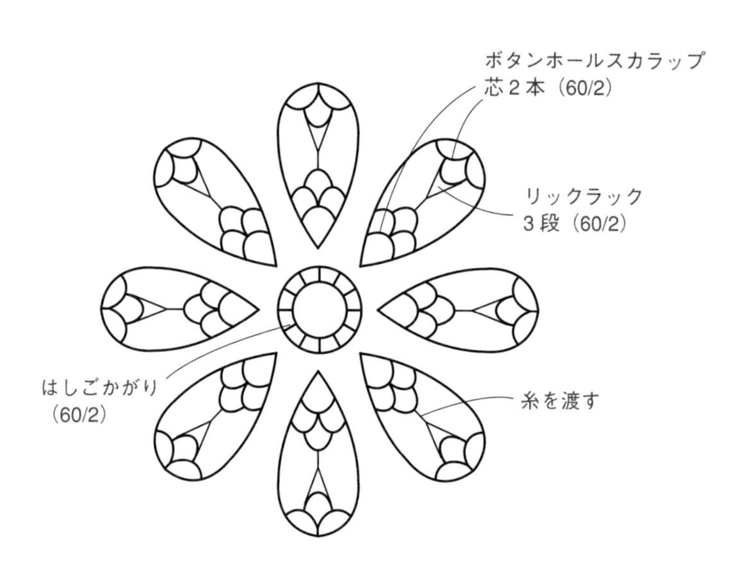

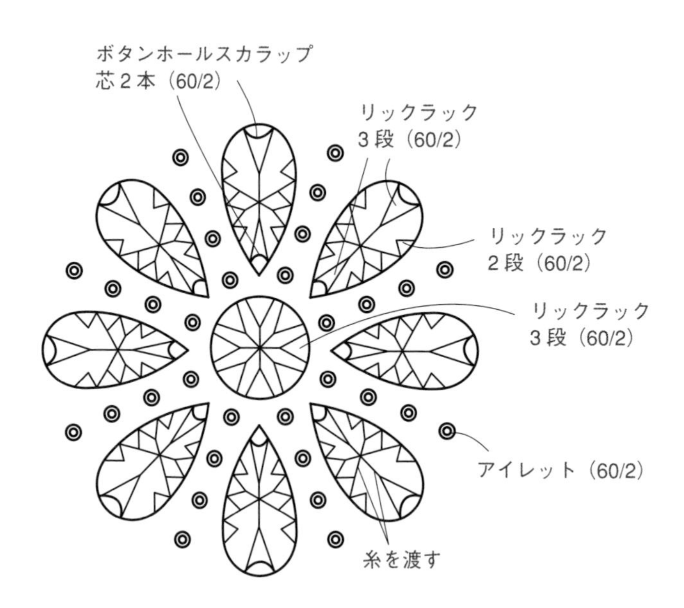

125～126

※材料　本体用布（目の詰まったリネン　白）
リネン糸（ボッケン）4/4-blまたは1/2-bl　50/2、60/2
輪かくのダブルランニングステッチとボタンホールステッチは50/2
そのほかは60/2

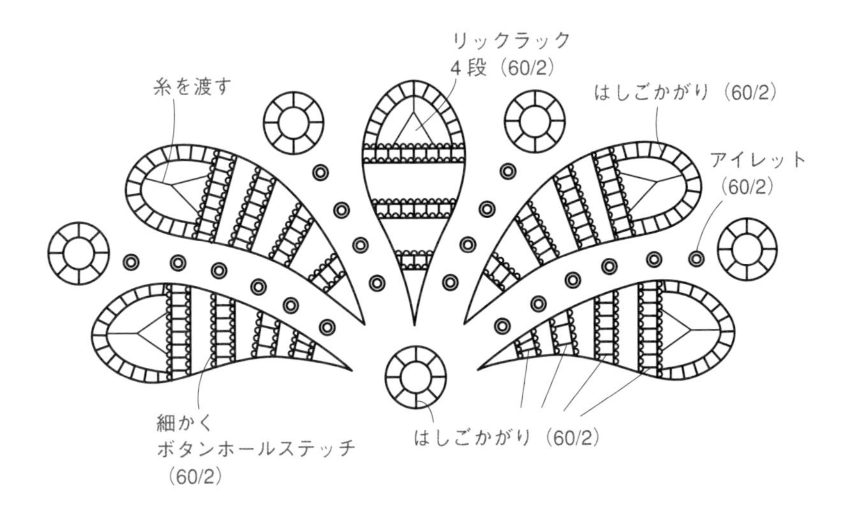

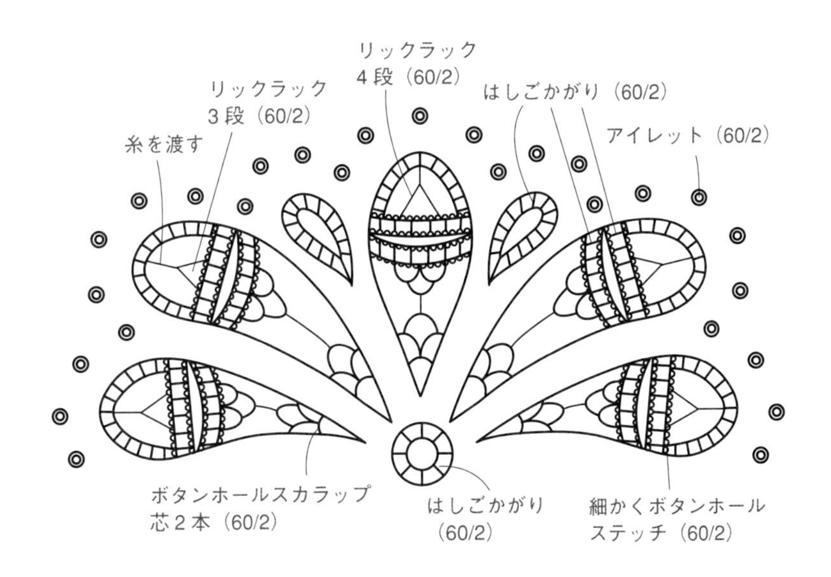

127~130

※材料　本体用布（目の詰まったリネン　白）
リネン糸（ボッケン）4/4-blまたは1/2-bl　50/2、60/2
輪かくのダブルランニングステッチとボタンホールステッチは50/2
そのほか60/2

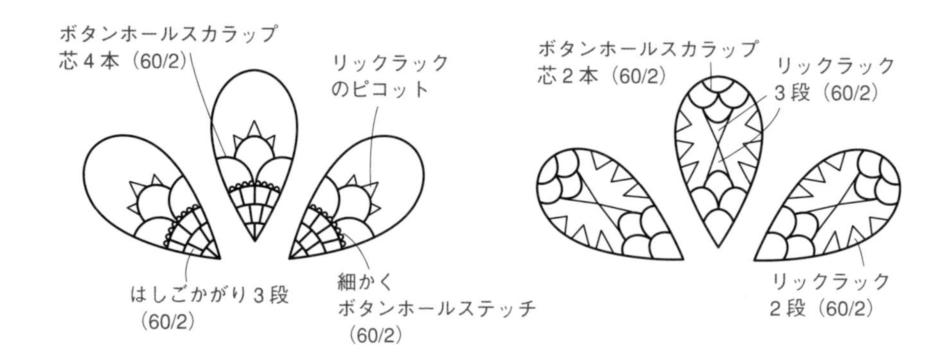

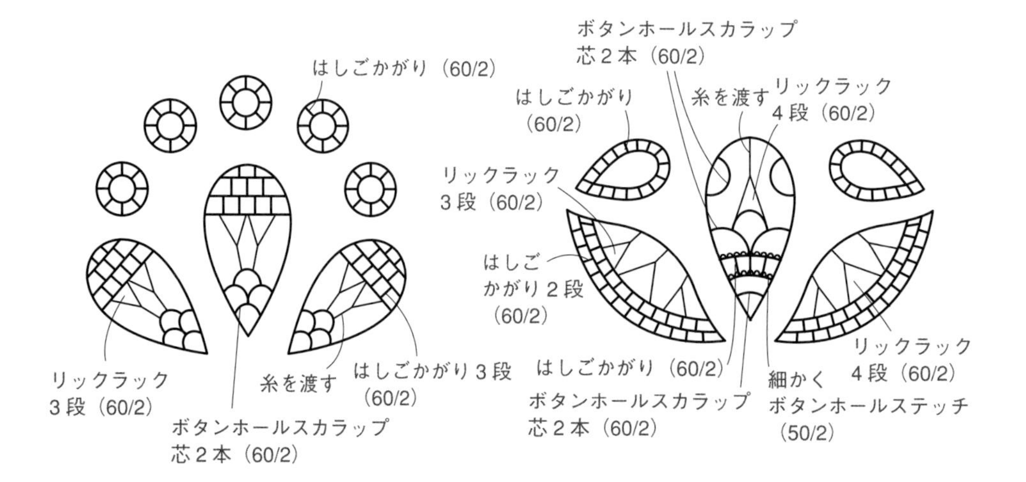

131~132

※**材料**　本体用布（目の詰まったリネン　白）
リネン糸（ボッケン）4/4-blまたは1/2-bl　50/2、60/2
輪かくのダブルランニングステッチとボタンホールステッチは50/2
そのほかは60/2

ボタンホールスカラップ
芯2本（60/2）
はしごかがり
5段（60/2）
はしごかがり
6段（60/2）
糸を渡す
ボタンホールスカラップ
芯4本（60/2）
ボタンホールスカラップ
芯2本（60/2）

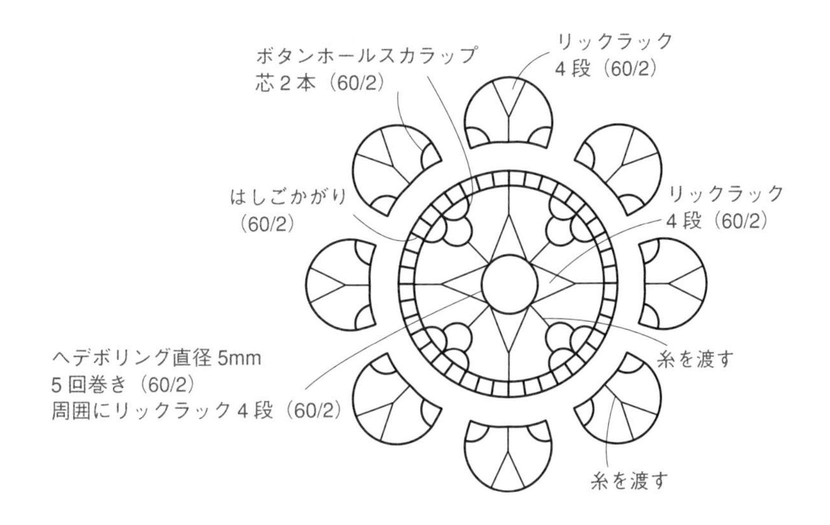

133
134

133~134

※材料 本体用布（目の詰まったリネン　白）
リネン糸（ボッケン）4/4-bl　50/2、60/2

輪かくのダブルランニングステッチとボタンホールステッチは50/2
そのほかは図に指定

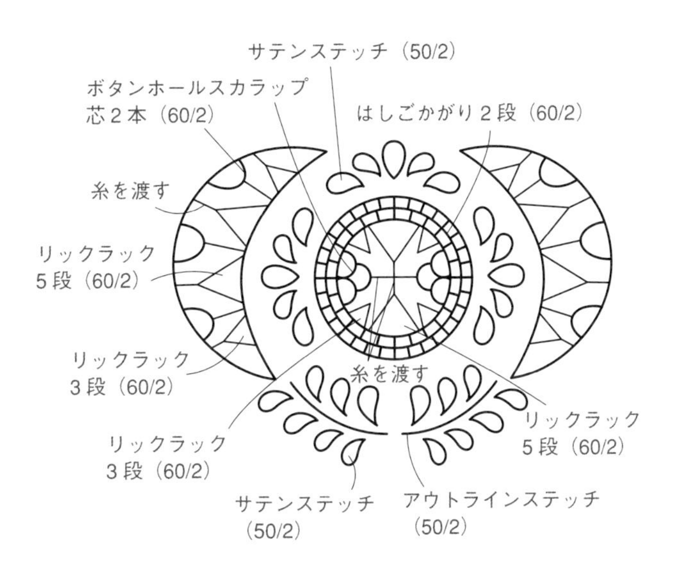

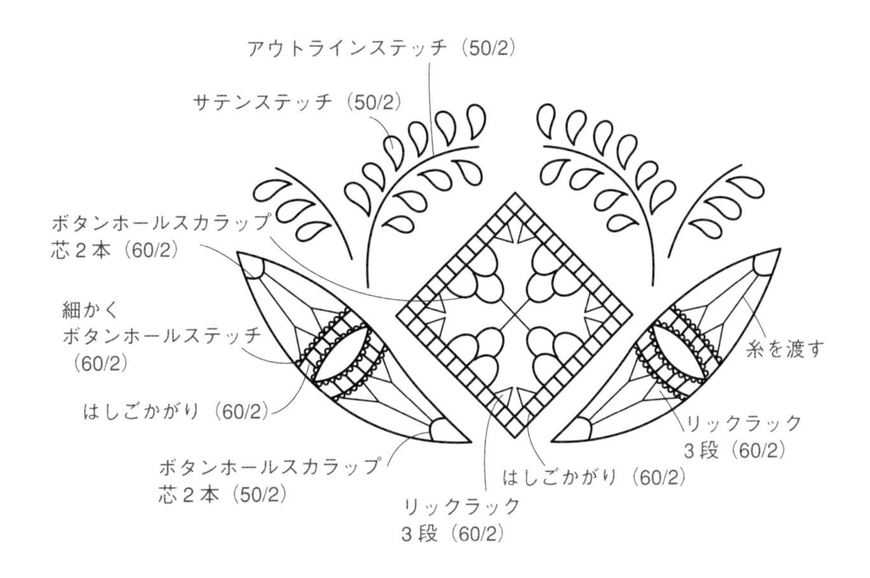

135~136

※材料　本体用布（目の詰まったリネン　白）
リネン糸（ボッケン）4/4-blまたは1/2-bl　50/2、60/2

輪かくのダブルランニングステッチとボタンホールステッチは50/2
そのほかは図に指定

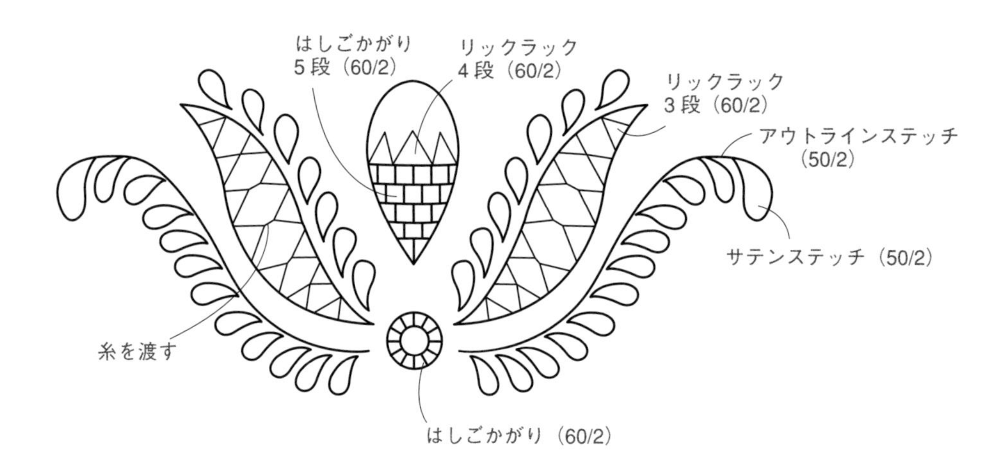

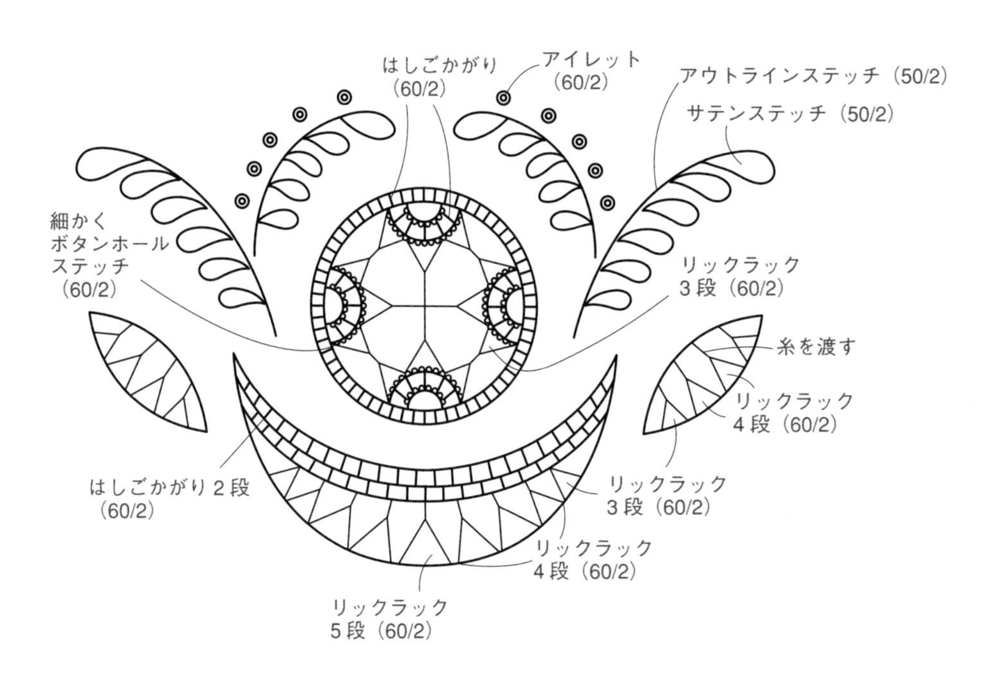

137~138

※**材料**　本体用布（目の詰まったリネン　白）
リネン糸（ボッケン）4/4-blまたは1/2-bl　50/2、60/2
輪かくのダブルランニングステッチとボタンホールステッチは50/2
そのほかは図に指定

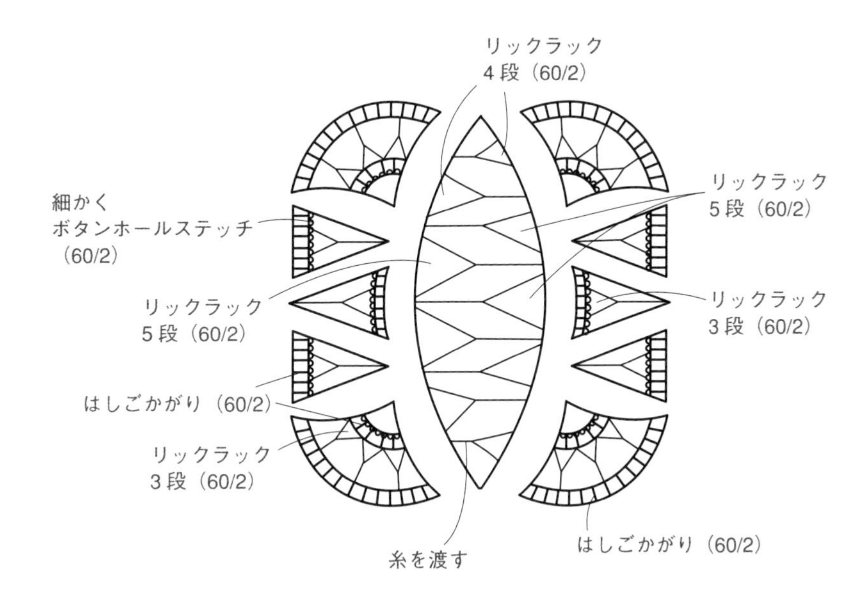

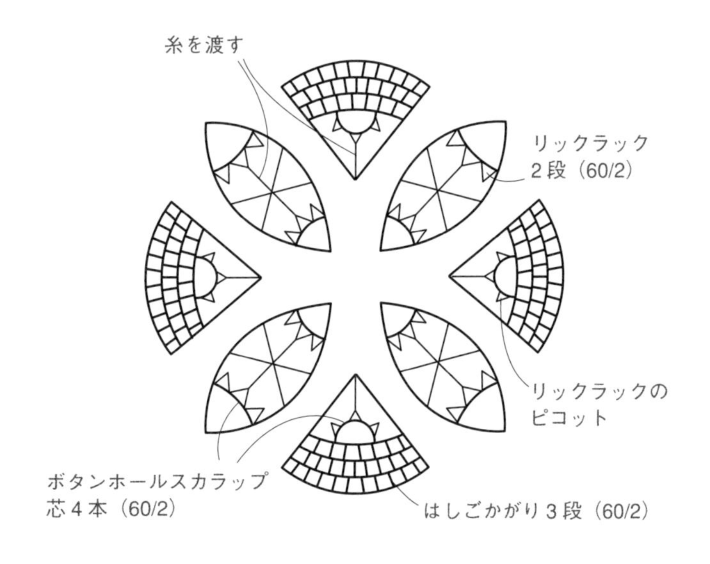

139
140

139～140

※**材料**　本体用布（目の詰まったリネン　白）
リネン糸（ボッケン）4/4-bl　50/2、60/2

輪かくのダブルランニングステッチとボタンホールステッチは50/2
そのほかは図に指定

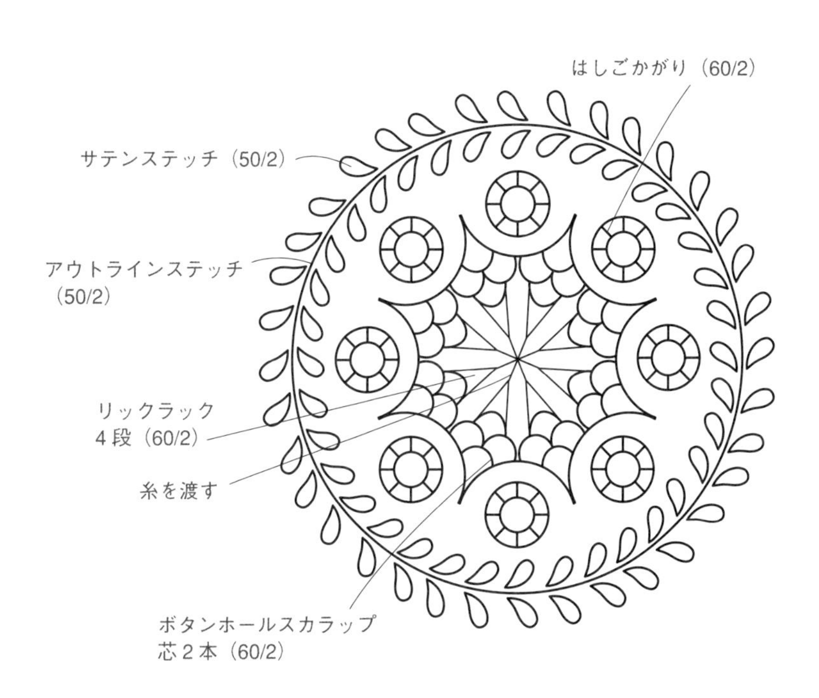

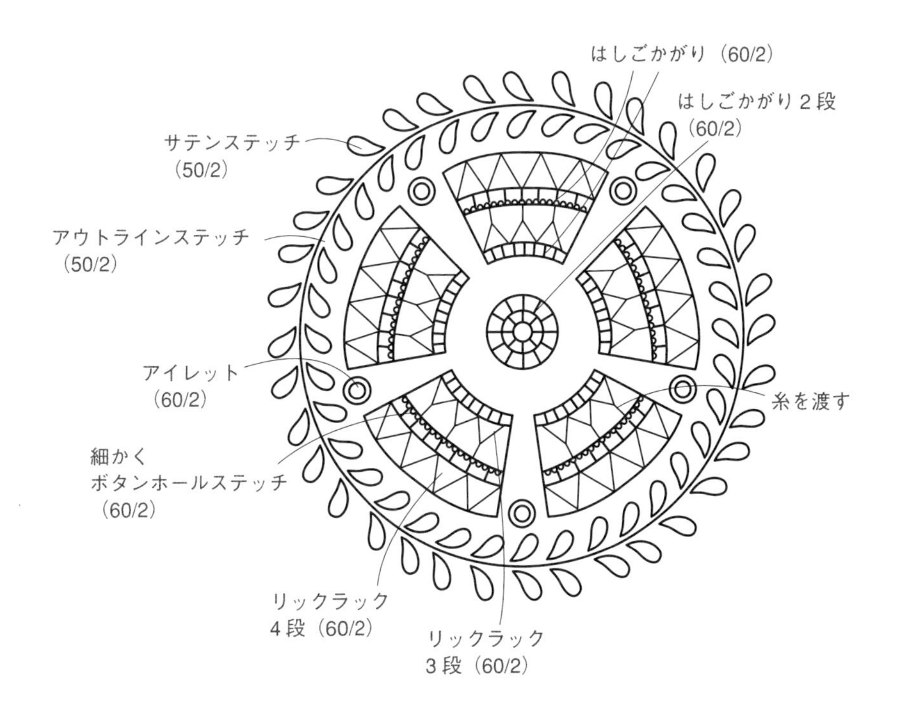

73ページより

82ページより

141

141

※**材料**　本体用布(目の詰まったリネン　白)
リネン糸(ボッケン)4/4-bl　50/2、60/2

輪かくのダブルランニングステッチとボタンホールステッチは50/2
そのほかは図に指定

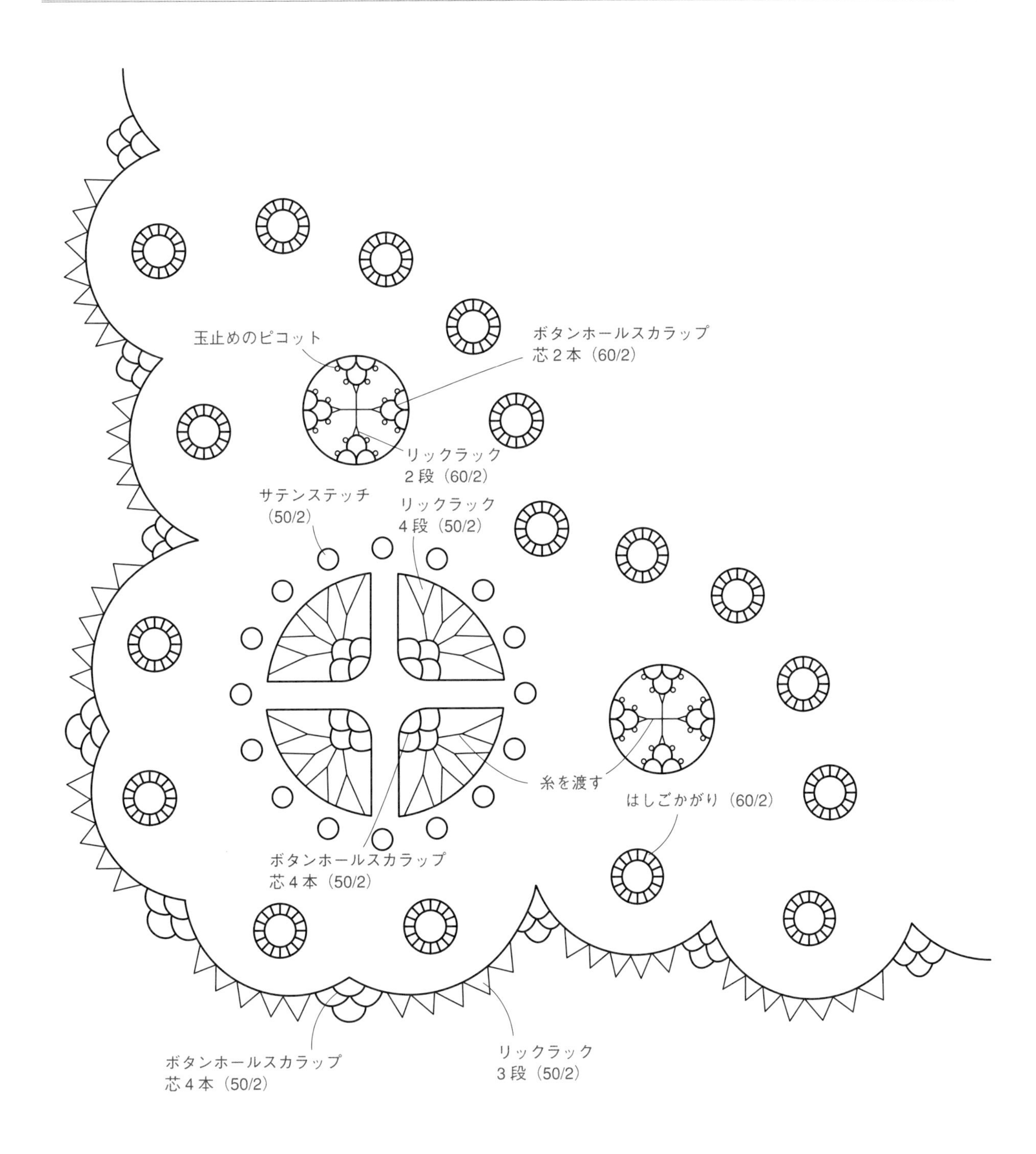

I42

※**材料**　本体用布（目の詰まったリネン　白）
リネン糸（ボッケン）4/4-blまたは1/2-bl　50/2、60/2

輪かくのダブルランニングステッチとボタンホールステッチは50/2
そのほかは図に指定

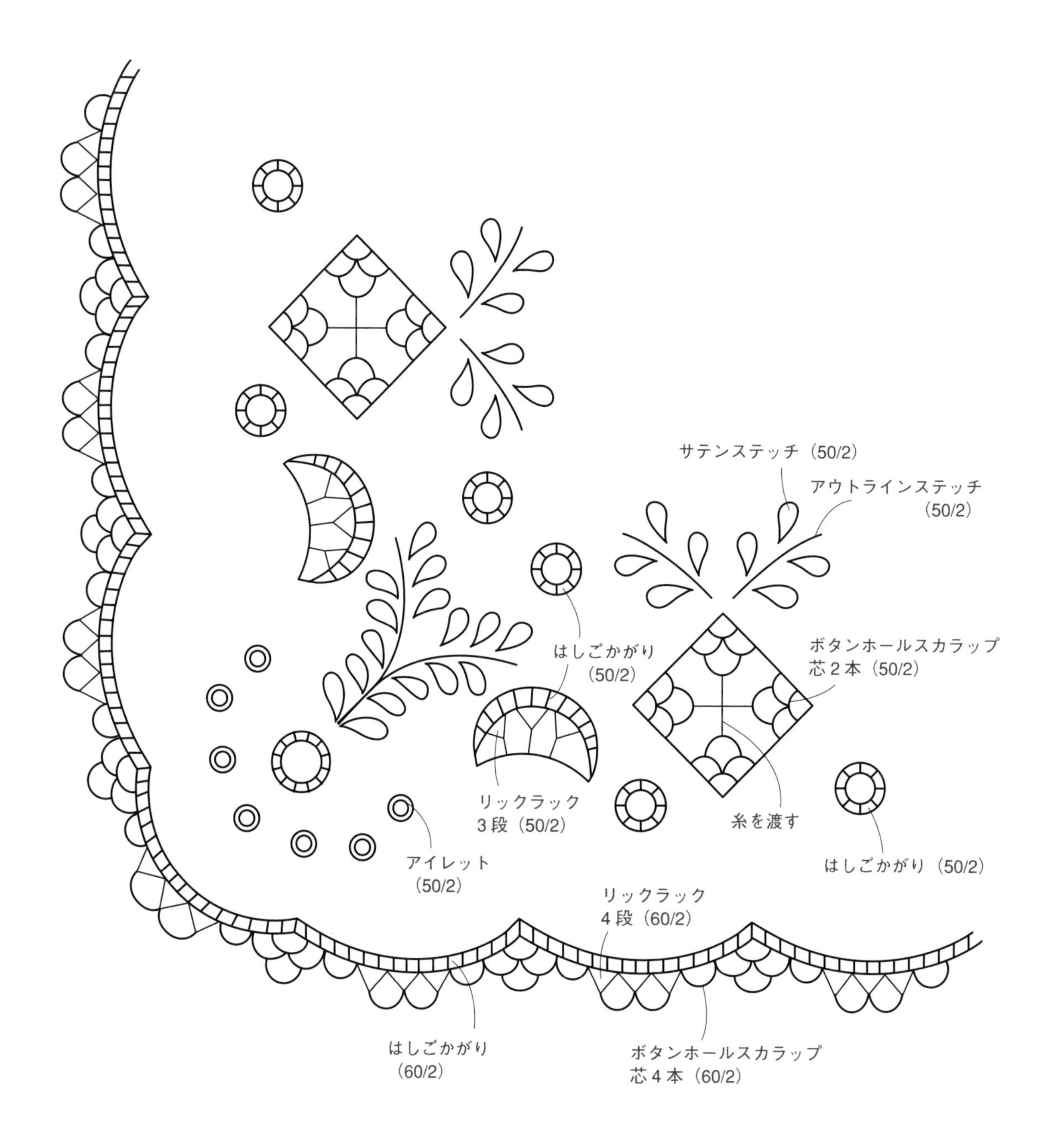

143

※**材料**　本体用布(目の詰まったリネン　白)
　　　　リネン糸(ボッケン)4/4-blまたは1/2-bl　50/2、60/2
輪かくのダブルランニングステッチとボタンホールステッチは50/2
図に指定以外は60/2

144

※**材料**　本体用布（目の詰まったリネン　白）
リネン糸（ボッケン）4/4-blまたは1/2-bl　50/2、60/2

輪かくのダブルランニングステッチとボタンホールステッチは50/2
そのほかは図に指定

86ページより

 カットのへデボの刺し方

手順

1. 輪かくをダブルランニングステッチをする。
2. 少しずつ布をカットしながらへデボのボタンホールステッチをして輪かくを仕上げる。
3. 内側に自由にステッチを刺す。

◆輪かくを刺す

1 布に円定規で丸を描き、刺繍枠にはめます。タテとヨコの織り糸が垂直水平になるように引っ張ります。

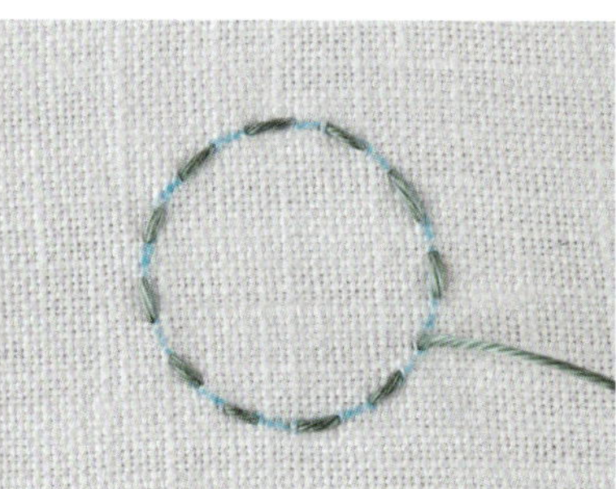

2 裏から針を入れて表に出し、糸端は布のきわまで引いておきます。ランニングステッチで1周します。

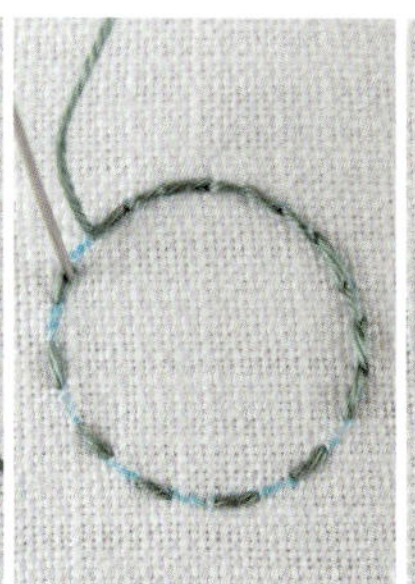

3 1周目のランニングステッチのあいている部分に刺して、さらにランニングステッチ（ダブルランニングステッチ）をします。

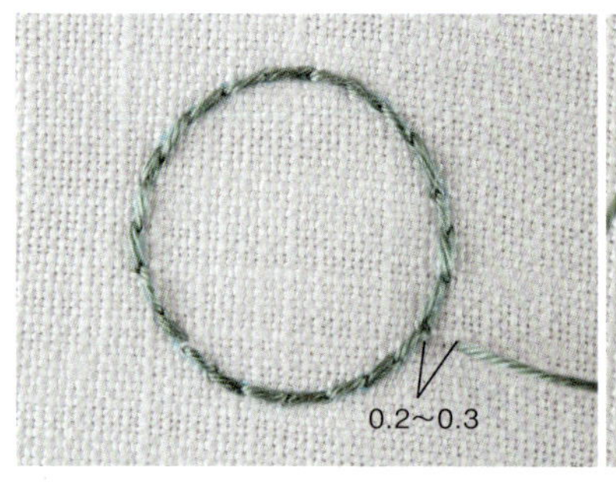

4 輪かくから0.2〜0.3cm外側に針を出します。

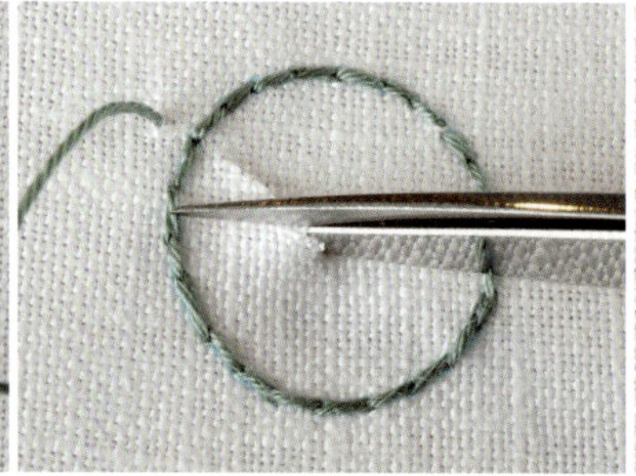

5 図案を目分量で10〜12等分し、中心からはさみを入れて針を出した位置を目がけて切り込みを入れます。糸を切らないように注意してください。

6 カットした布を、針先を使って裏に折り込みます。

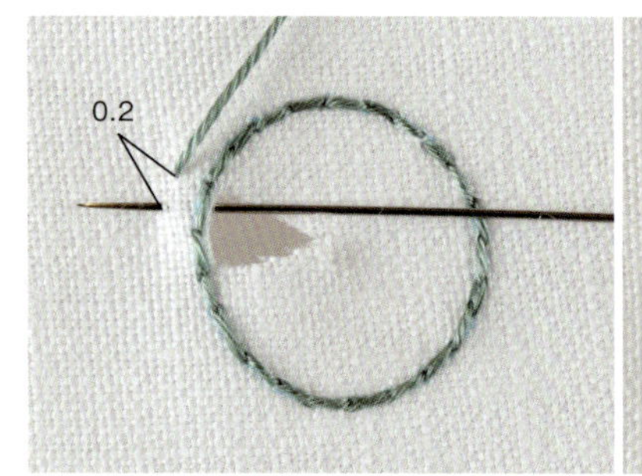

7 針を切り込み側から入れて、4で針を出した位置の0.2cmほど隣に針を出します。

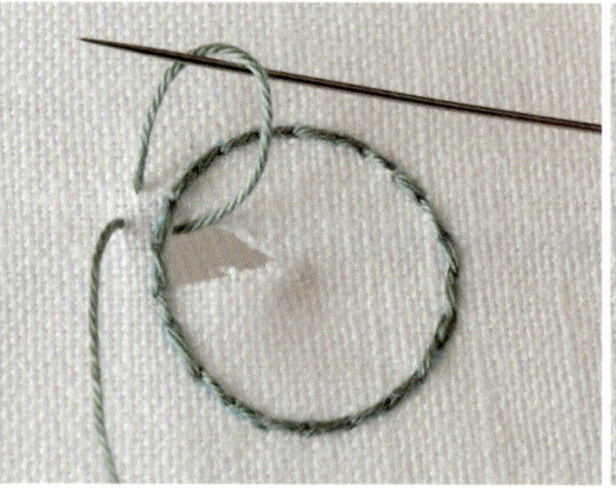

8 針を抜いてゆっくりと糸を引きます。糸を引ききらずにループにし、ループの奥から手前に針を通します。

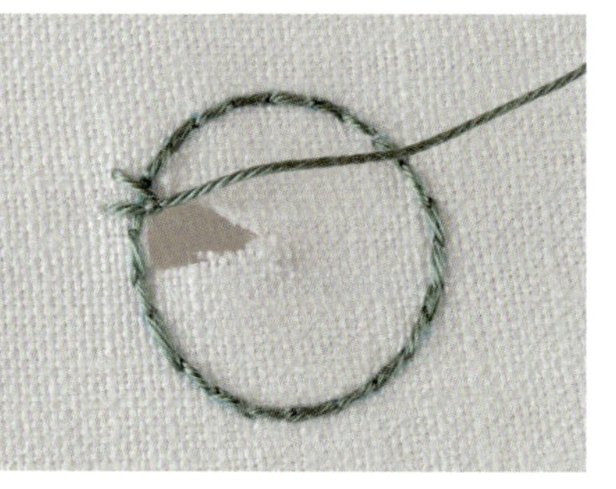

9 糸を引いてループを引き締めます。へデボのボタンホールステッチがひとつできました。カットした布の輪かくに沿って、反時計回りにくり返します。

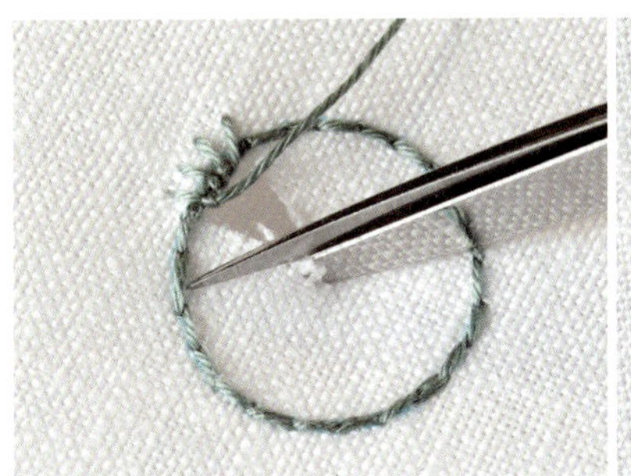

10 カットした分が刺せたら、同様に残りの布もカットしてボタンホールステッチを刺すことをくり返します。

11 1周刺したら最後は刺し始めのステッチの足に通して糸を引きます。

12 先の丸い針に糸をつけ変え、反時計回りにボタンホールステッチの山をすくいます。山を奥から手前に向かってすくい、糸をからげます。

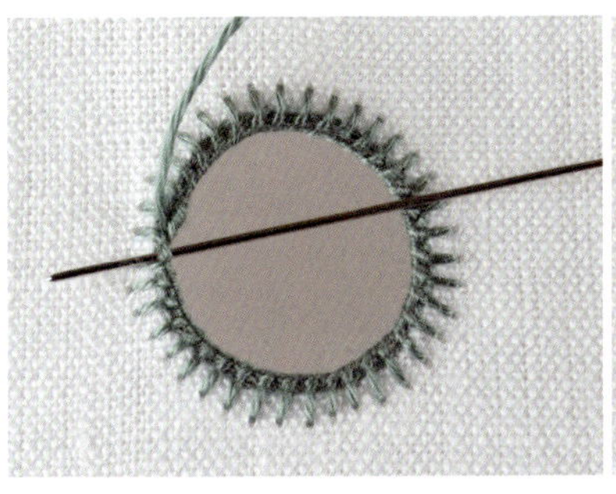

13 反時計回りに1周し、最後の山に針を通します。

14 裏に折り返した余分な布をカットします。糸を切らないように注意してください。

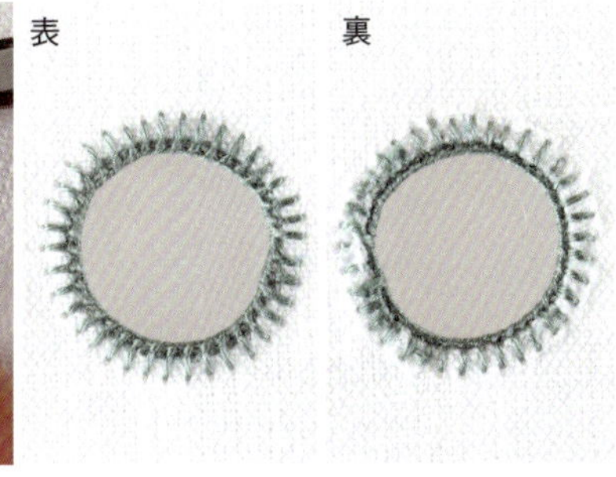

15 ヘデボのボタンホールステッチの完成です。この後、内側に模様をかがります。

◆内側に模様を作る　●はしごかがり　1段

1 ヘデボのボタンホールステッチをゆるくかがるとはしごかがりになります。反時計回りに2目先のボタンホールステッチの山に、奥から手前に針を出します。

2 糸を引ききらずにループにし、奥から手前に針を通します。糸を軽く引き、このくらいのループを残します。これが1目です。

3 1と2をくり返します。2目先の山に針を通して糸を引き、ループの中に針を通します。糸の引き加減は同じにしてください。

4 1周したら、最後は最初のループに奥から手前に針を通します。

5 反時計回りにループ（山）を奥から手前に針を通してすくいます。これをくり返して1周します。

6 ループをすくうことで形が整います。このまま終わる場合は94ページの5からを参照して足にからげて糸を裏に出し、糸始末をします。

● はしごかがり 2段

I 2段めを作ります。反時計回りに2目先のボタンホールステッチのループに、奥から手前に針を通します。

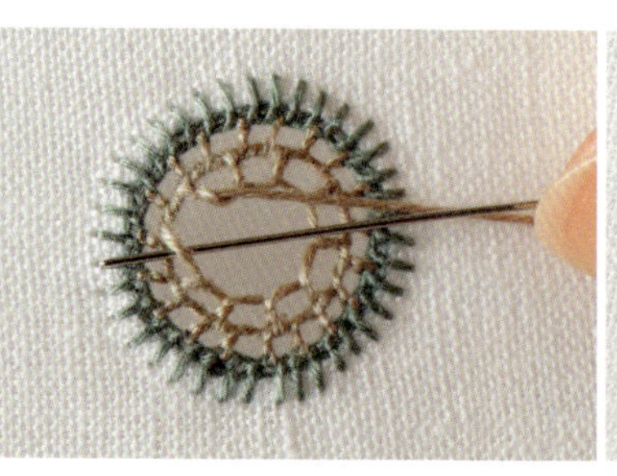

2 これをくり返して反時計回りに1周します。最後は最初のループに奥から手前に針を通します。

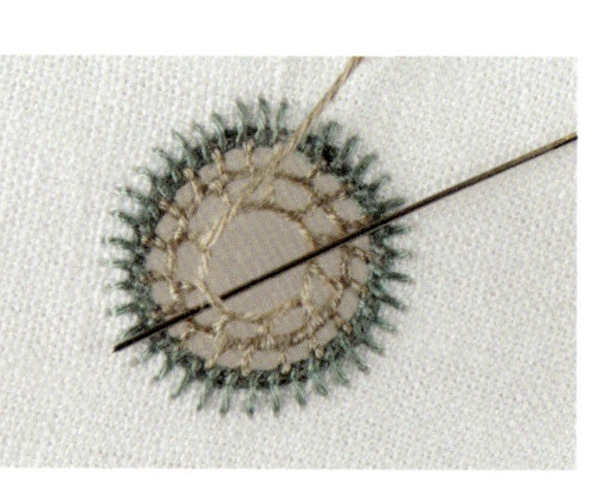

3 反時計回りにループ（山）を奥から手前に針を通してすくいます。これをくり返して1周します。

4 1周したら最初のループに奥から手前に針を通します。これで2段になりました。

5 終了する場合は、ひとつ手前に戻って2段めの足と1段めの山に奥から手前に針を通して1段めまで戻ります。

6 ひとつ手前の穴に針を入れて裏に出します。12ページを参照して糸始末をします。

基本の刺し方①

一般的な刺繍の刺し方を解説します。100、131ページもあわせてご覧ください。

フレンチナッツステッチ

I 裏から表に針を出し、針に糸を2回巻きつけます。

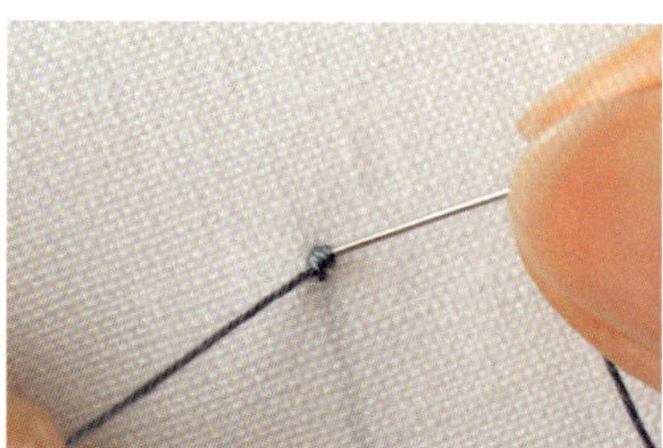

2 そのまま糸を出した位置の隣に針を刺します。糸を引っ張って巻いた糸がゆるまないようにします。

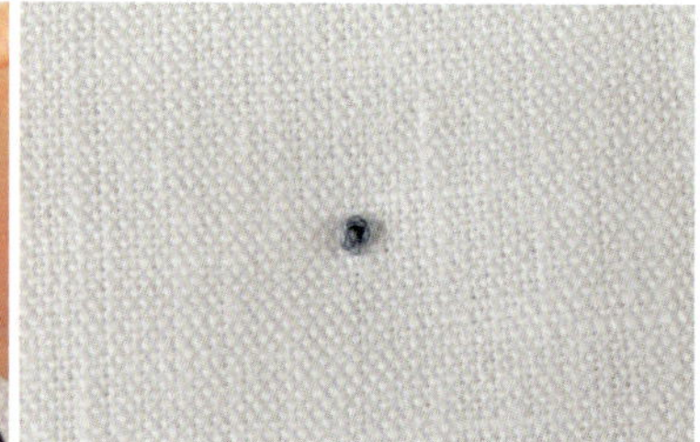

3 針を裏に出して糸を引けば完成です。

アウトラインステッチ

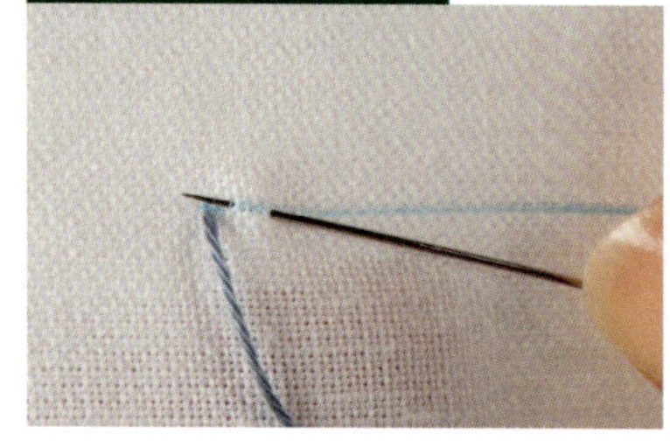

I 線に沿って刺します。裏から表に針を出し、線の上に針を入れて針を出した半分の位置に針を出してすくいます。

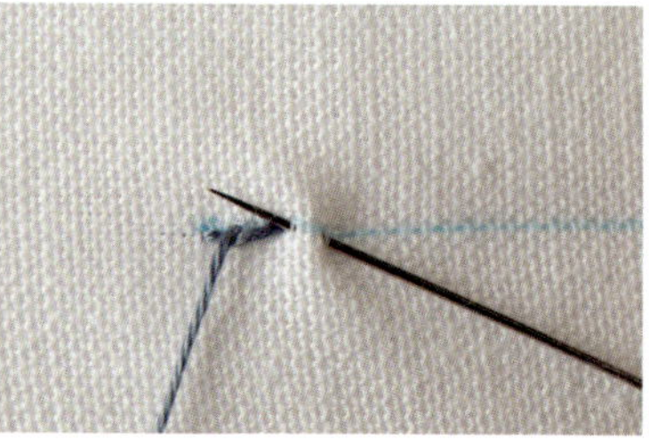

2 線の上に針を入れて、次はIで針を入れた位置に出します。

3 これをくり返します。

● ボタンホールスカラップ　1段

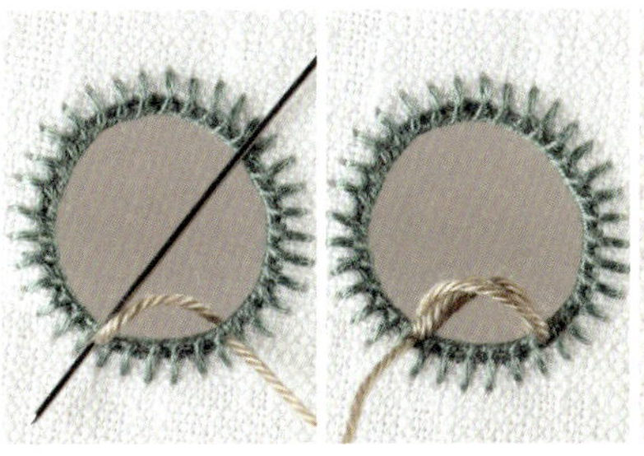

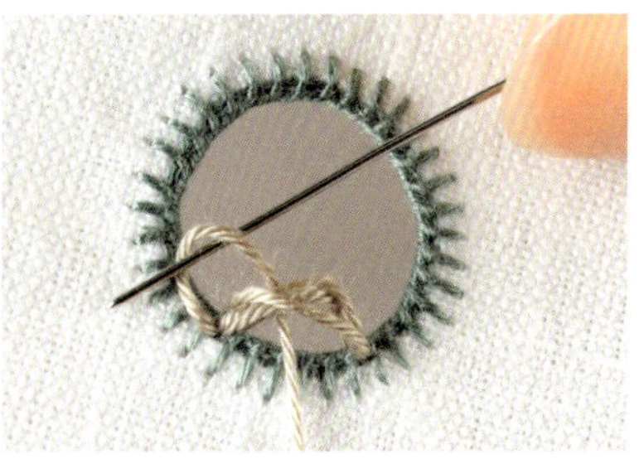

I　反時計回りに5、6目先のボタンホールステッチの山に、奥から手前に針を通します。

2　糸を引ききらずに糸を出した位置に針を入れ、半円くらいの芯にします。芯4本の場合はこれを2往復します。

3　芯に奥から手前に針を通して糸を引ききらずにループにし、ループに奥から手前に針を通します。

4　糸を引き締めます。ヘデボのボタンホールステッチがひとつできました。

5　これをくり返して芯をボタンホールステッチでくるみます。端まで刺せたら、これで終了する場合はIで針を通した場所に再度通して12ページを参照して糸始末をします。

● ボタンホールスカラップ　2段

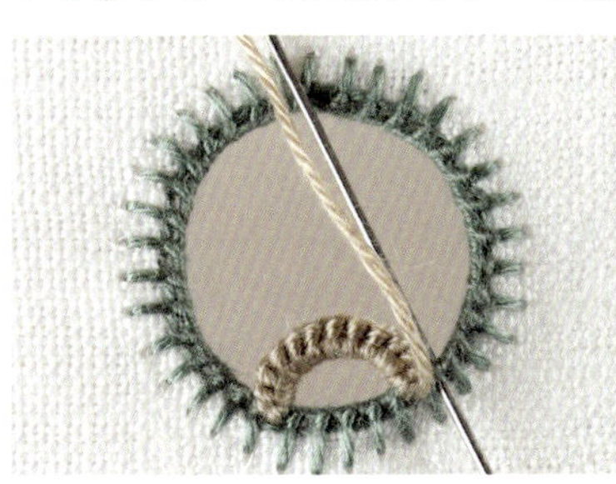

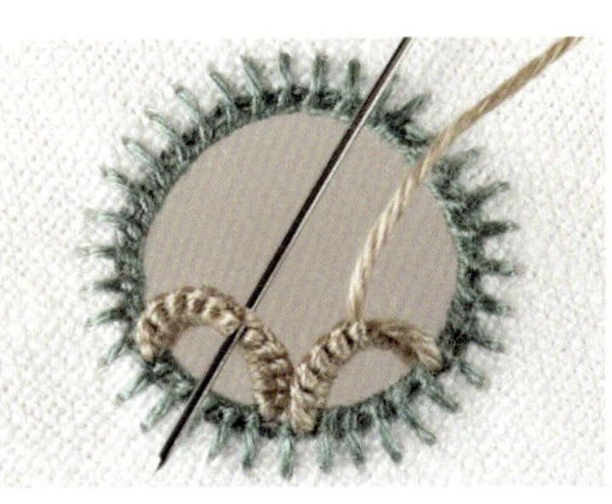

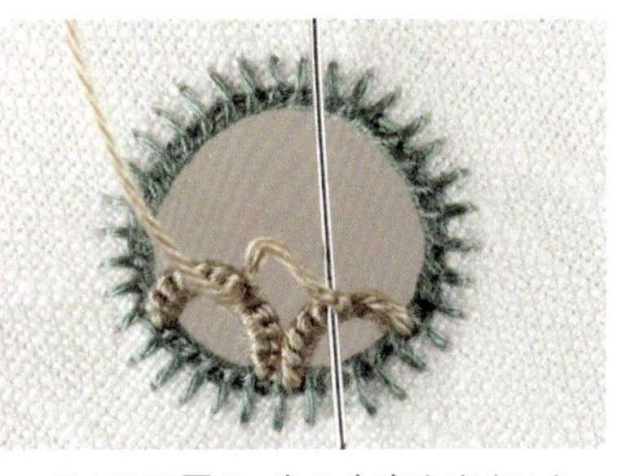

I　2段めを作る場合は、隣のボタンホールステッチの山に奥から手前に針を通し、同様に芯を作ります。

2　半分までボタンホールステッチで刺したら、ひとつめのボタンホールスカラップの山の中央に、奥から手前に針を通します。

3　2つめに戻り、山の中央をすくいます。これを3回くり返して3本の芯を作り、芯にボタンホールステッチをします。

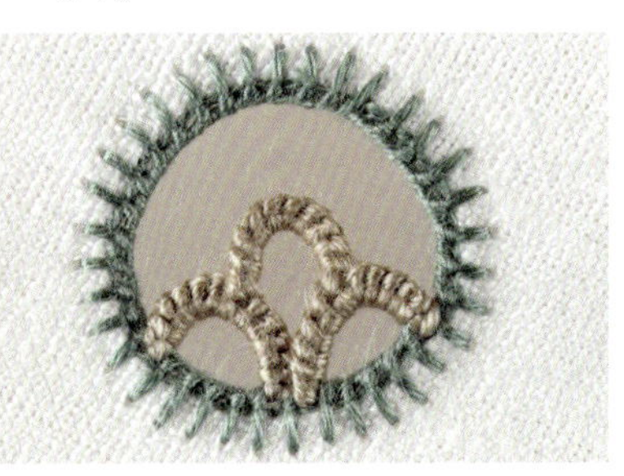

4　端までステッチをしたら2段めは完成です。

5　そのまま1段めの2つめの芯に針を入れ、残り半分のボタンホールステッチをします。

6　これで完成です。

● リックラック　4段の場合

1 反時計回りに隣のボタンホールステッチの山に、奥から手前に針を通します。糸を引ききらずにループにし、奥から手前に針を通して糸を引きます。

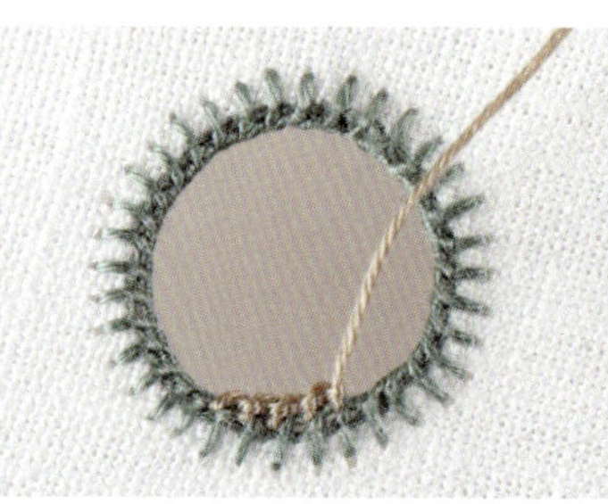

2 これをくり返してヘデボのボタンホールステッチを4つ作ります。

3 次にひとつずつループ（山）を奥から手前に針を通してすくいながら戻ります。これで1段めができました。

4 2段めを作ります。糸が出ている隣のループをすくい、同様にボタンホールステッチをします。

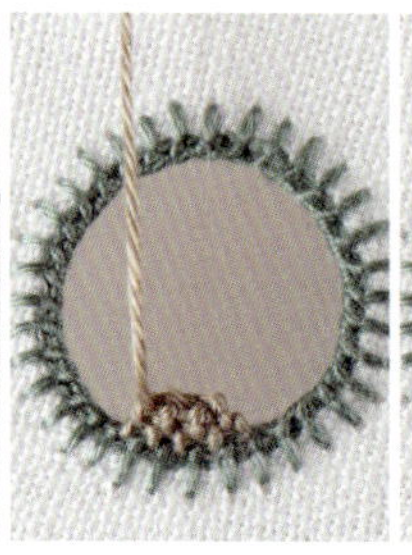

5 3つステッチをしたら1段めと同様にループをすくいながら戻ります。3段めは同様に2つ作ります。

6 4段めは頂点になるのでひとつ作ります。

7 4段めの右側のステッチの目に奥から手前に針を通します。

8 3、2、1段めの順に横をかがりながら1段めに戻ります。

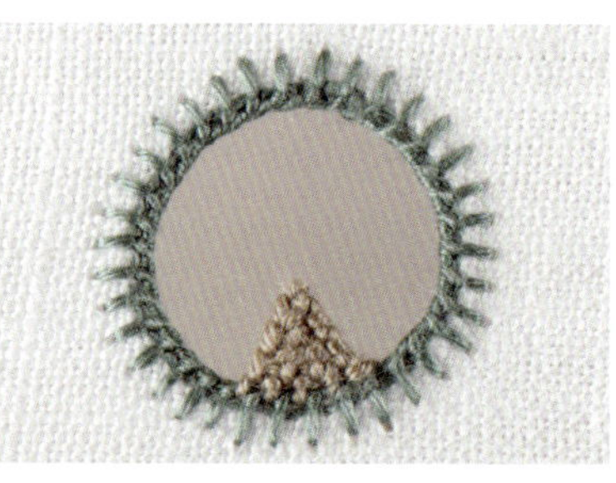

9 完成です。続けて刺す場合は、裏に糸を出して、裏の糸をすくいながら刺したい位置に移動します。

●糸を渡す

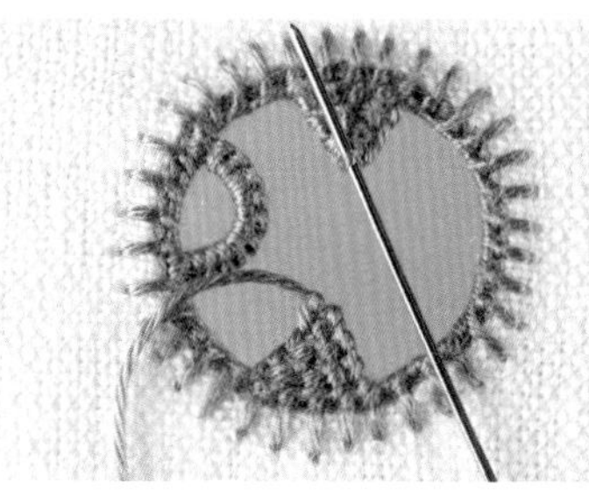

1 向かい合うボタンホールスカラップやリックラックに糸を渡します。リックラックの頂点まで刺せたら、そのまま向かいのリックラックの頂点に奥から手前に針を通します。

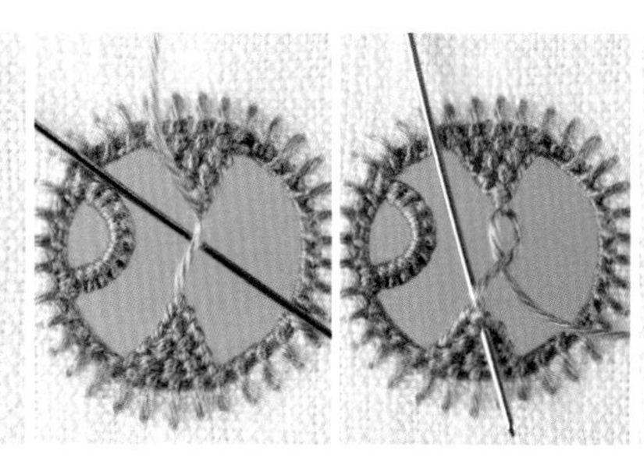

2 糸にからげながら戻り、最初のリックラックの頂点に奥から手前に針を通します。距離が短い場合は2回、長い場合は何回もからげます。

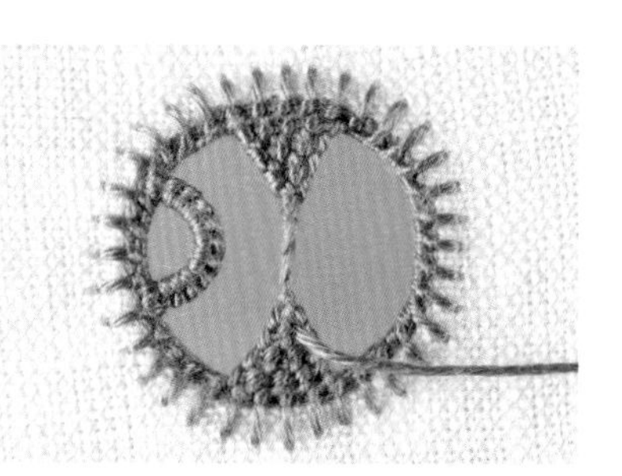

3 96ページのようにリックラックの横をかがりながら1段めまで戻ります。

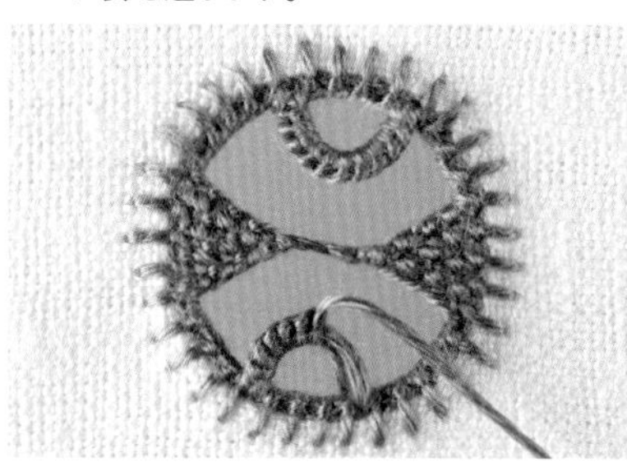

4 ボタンホールスカラップの場合は、芯の半分までボタンホールステッチをします。

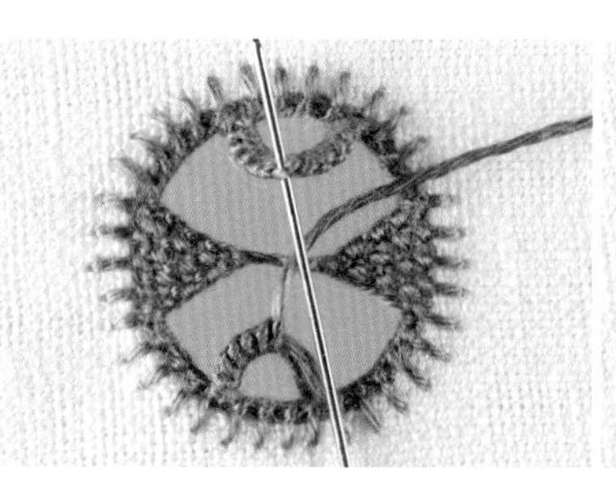

5 向かいのボタンホールスカラップの頂点に奥から手前に針を通します。

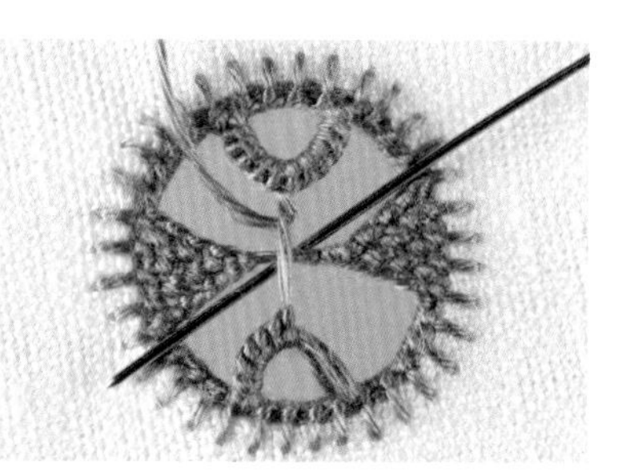

6 先に渡した糸と交差する場合は、先の糸をすくってからげます。

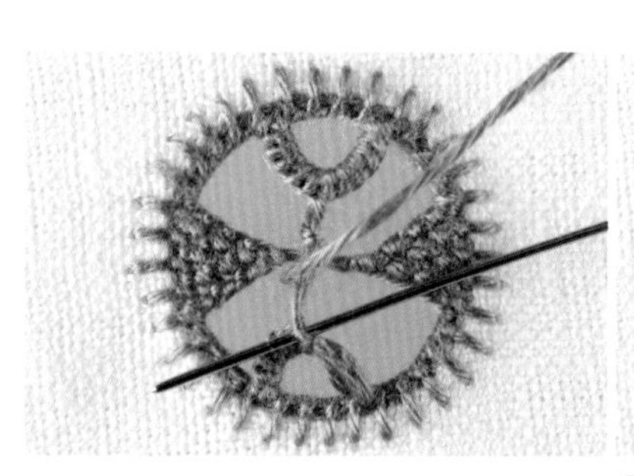

7 渡した糸にからげながら戻り、最初のボタンホールスカラップの頂点に奥から手前に針を通します。

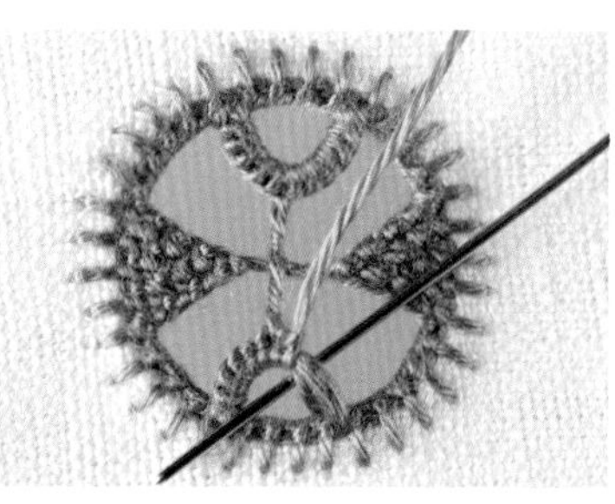

8 残り半分のボタンホールステッチをします。

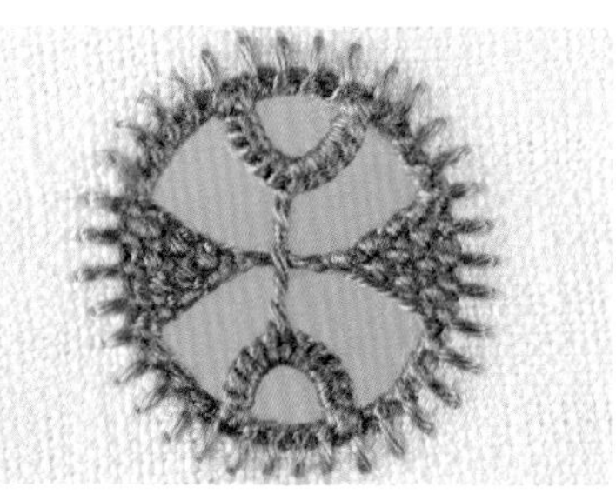

9 これで完成です。

● ダーニングかがり

1 向かいの位置のボタンホールステッチに表から裏に針を通します。

2 2目隣から針を出し、向かいのステッチに表から裏に針を通します。これで平行に2本の糸が渡りました。

3 2本の間から針を出し、右の糸を外から内にすくいます。

4 次に左の糸を外から内にすくいます。8の字にすくう要領です。

5 これで1段かがりました。これをくり返して端までかがります。

6 クロスにする場合は、裏でステッチの糸に通しながら、直角になる位置まで移動します。

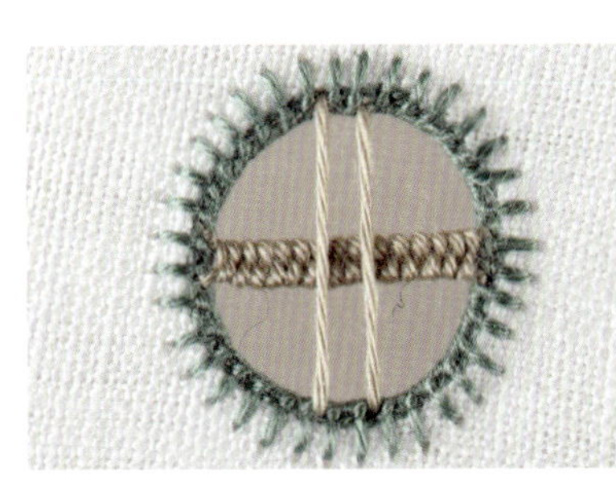

7 同様に平行に糸を渡し、2本の間を8の字にかがります。

8 交差部分は下の糸を引っ掛けないように注意してください。端までかがれば完成です。

●糸を巻く（リビッドスパイダースウェブステッチ）

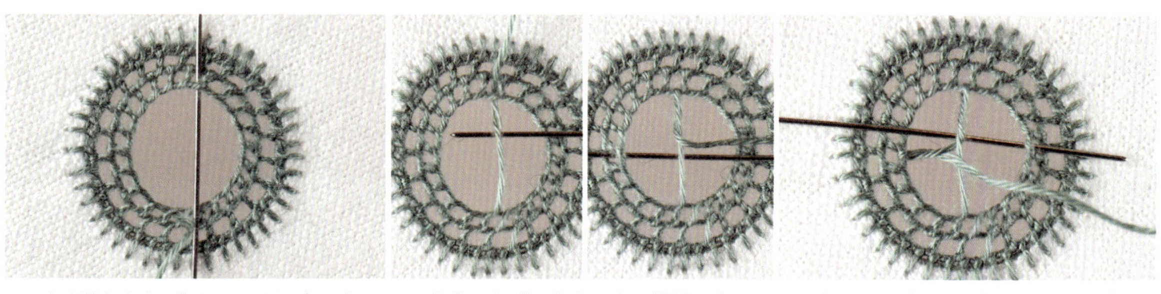

1 糸を渡します。向かいのはしごかがりに奥から手前に針を通します。

2 糸をからげて直角になる位置で左のはしごかがりに奥から手前に針を通します。

3 糸をからげながら向かいのはしごかがりに奥から手前に針を通します。

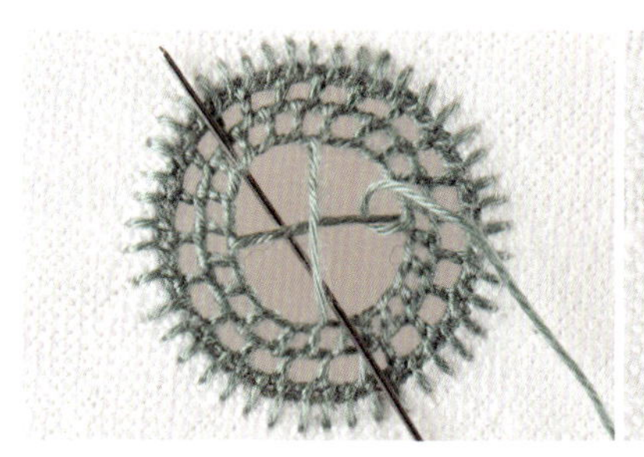

4 斜めにも糸を渡します。十字に糸を渡した中心になる位置に通します。

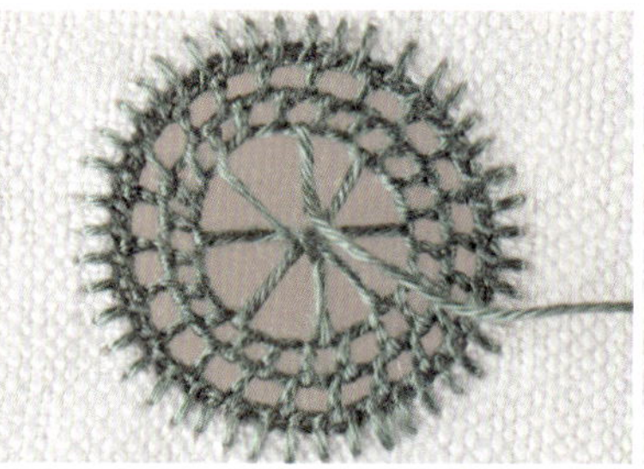

5 これで円の8等分に糸が渡りました。中心まで糸をからげながら戻ります。

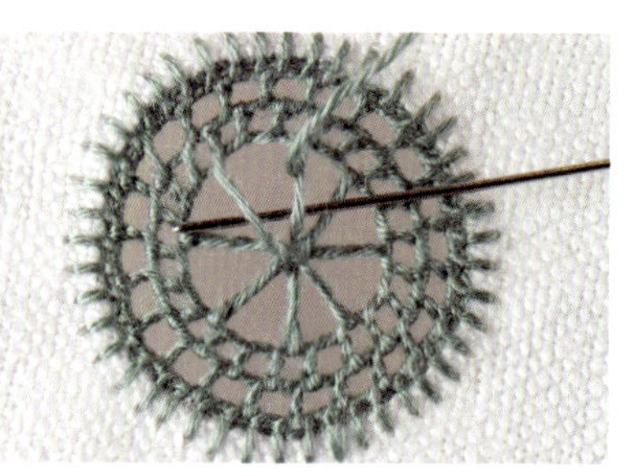

6 糸の出ている穴の、左右の糸を2本すくいます。右側の糸に、半返しのように糸が巻きついた状態になります。

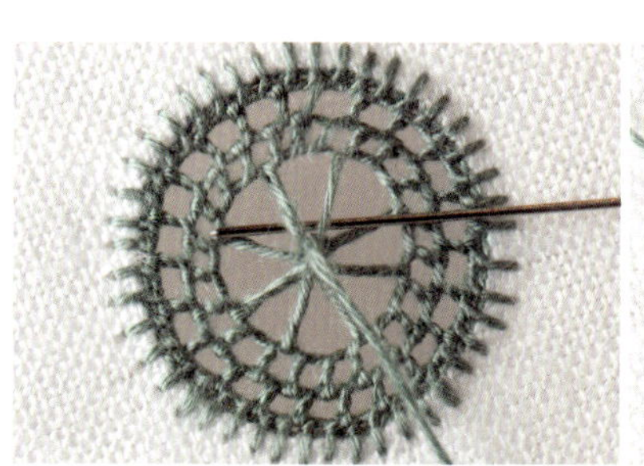

7 次も糸の出ている穴の左右の渡した糸をすくいます。右側は6でもすくった糸です。

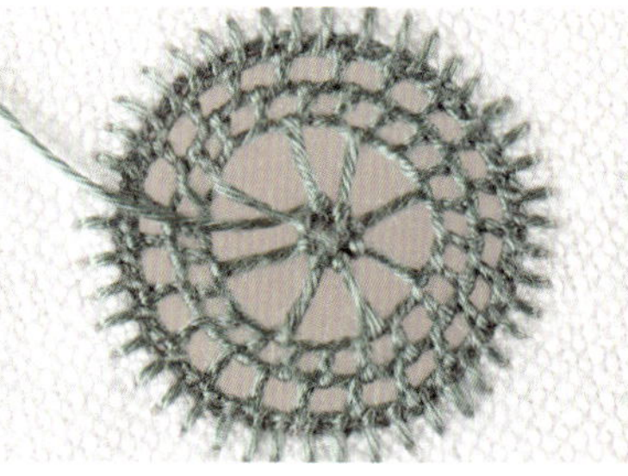

8 1本ずつ返しながら1周します。すべての渡した糸に糸が巻きついた状態になります。

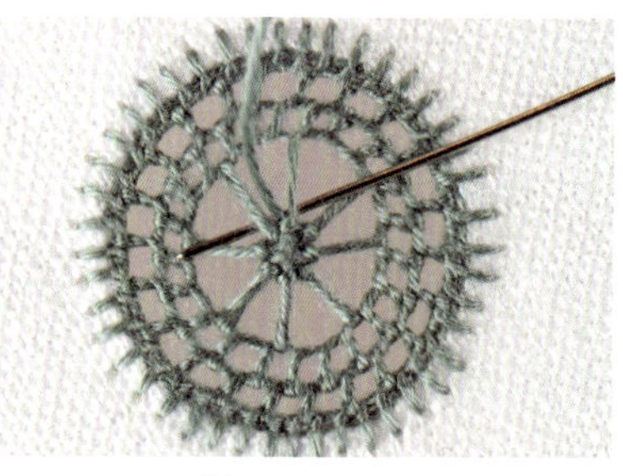

9 2周めも同様です。隙間があかないように、前の段に沿わせます。

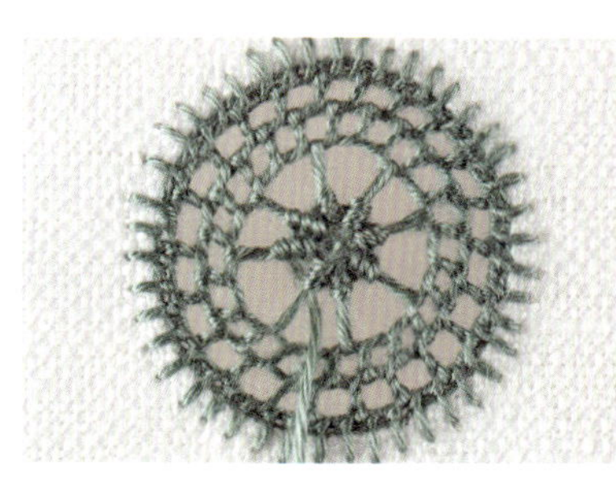

10 これを好きな段数だけくり返します。

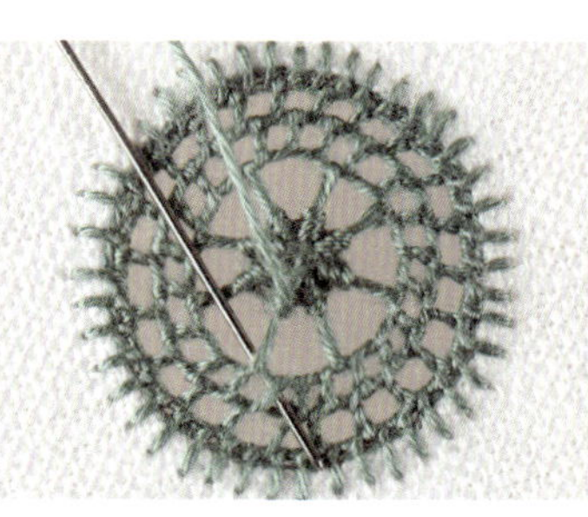

11 最後は渡した糸にからげてはしごかがりの足に順番に通し、はしごかがりの1段めまできたら穴から裏に針を出して糸始末をします。

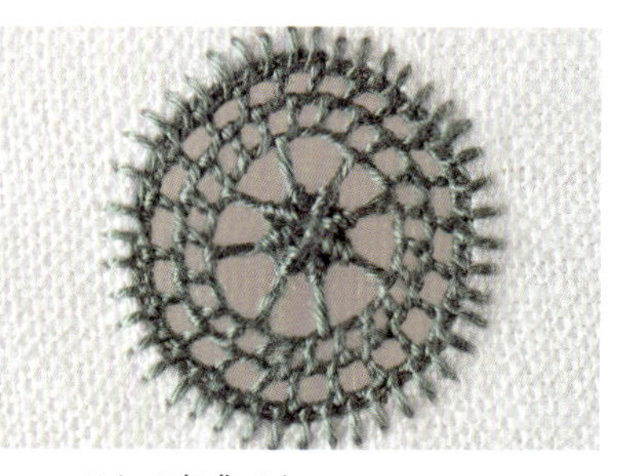

12 これで完成です。

基本の刺し方②

一般的な刺繍の刺し方を解説します。94、131ページもあわせてご覧ください。

アイレット

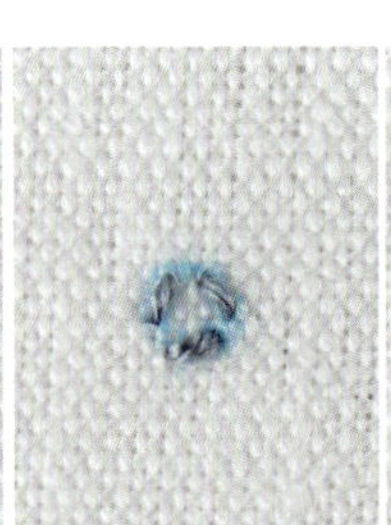
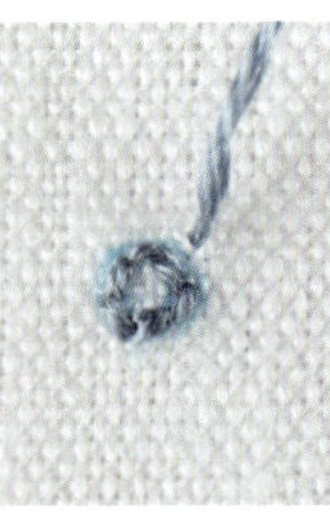
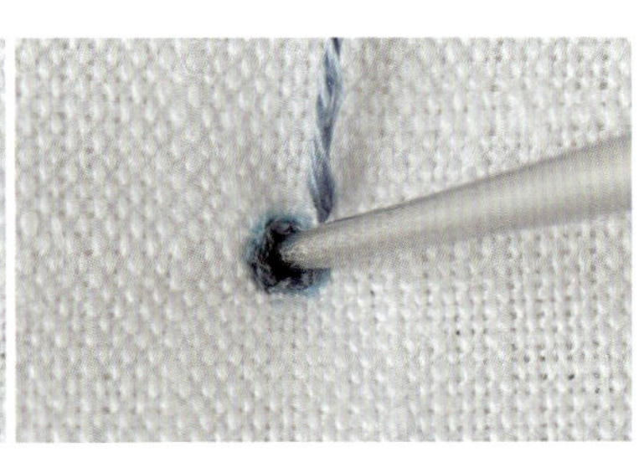

1 布に直径0.2cmの円を描き、裏から表に針を出します。

2 ダブルランニングステッチをします。3目等間隔にステッチをし、間もステッチをします。印から0.1～0.2cm隣に針を出します。

3 目打ちを刺して穴をあけます。

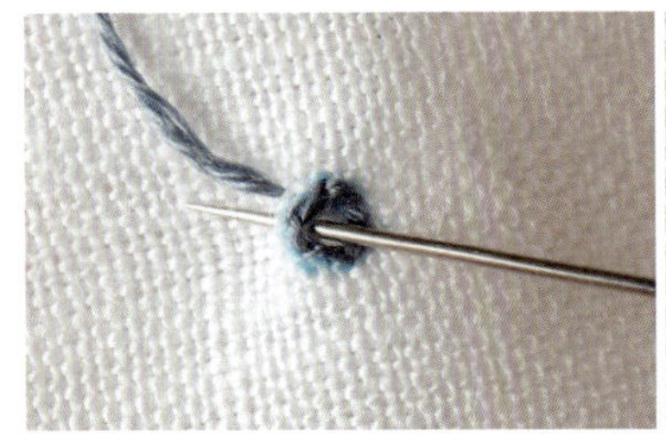
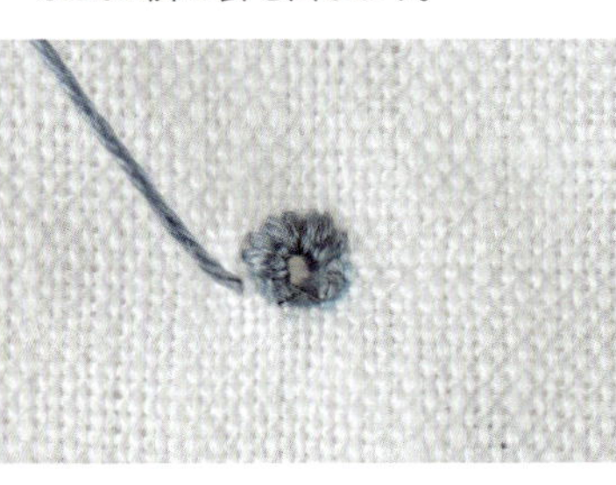
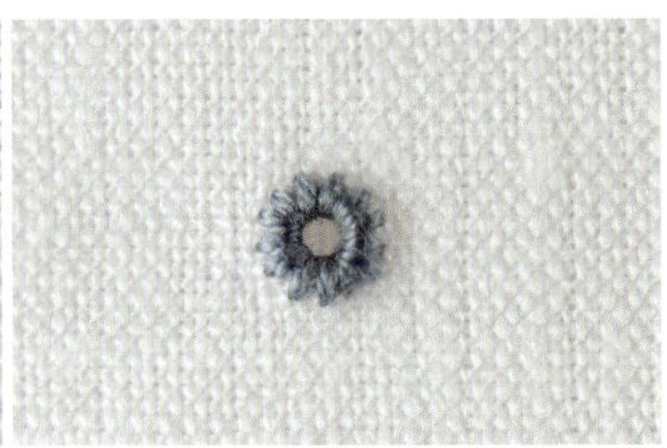

4 穴に針を入れてひと針すくいます。

5 隙間があかないようにつめてぐるぐると刺します。

6 完成です。

サテンステッチ

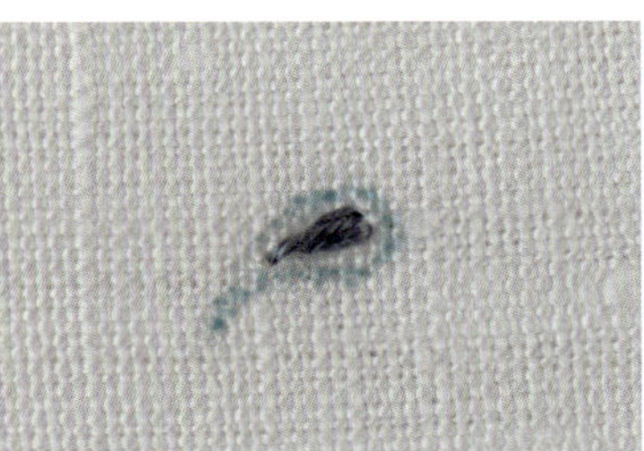
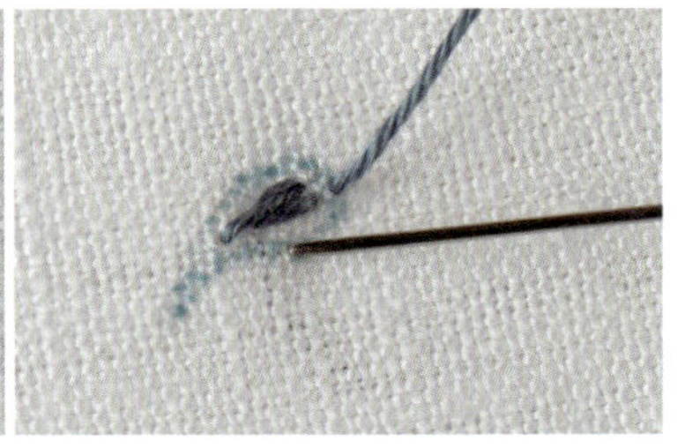

1 図案から離れた位置に針を入れて図案に針を出します。フリーステッチの刺し始めはすべてこのようにします。

2 図案の内側を2針ほど刺して芯にします。

3 図案上に針を出し、端になる向かいの図案上に針を入れます。

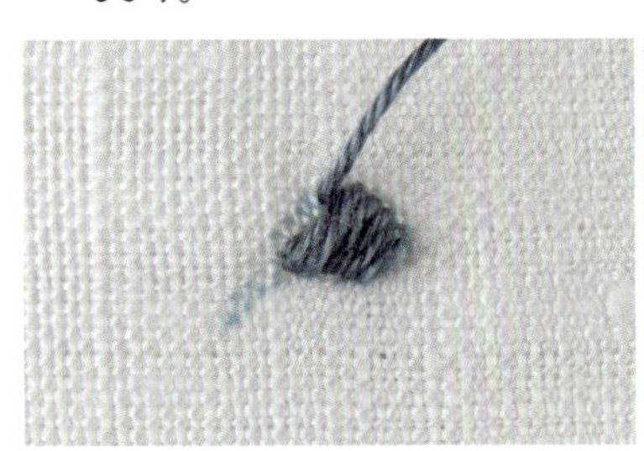

4 糸の引き具合をそろえて、糸が重ならないようにつめて刺します。

5 端まで刺せたら完成です。

Drawn work Hedebo

ドロンワークのヘデボ

ドロンとは引き抜くという意味で、一部の織り糸を引き抜き、残った糸をかがって模様を作る刺繍です。ヘデボ刺繍ではヴィズスムやバルデュリングが糸を引き抜いて作る刺繍になります。ヴィズスムはドロンワークで作ったベースをかがって模様を作るタイプ、バルデュリングはドロンワークをしたベースにボタンホールステッチなどで模様を刺繍します。ヴィズスムは同じ白糸刺繍のシュバルム刺繍に似た雰囲気があります。

バルデュリング

145

I45

※**材料**　本体用布（14目/cmのリネン　白）
リネン糸（ボッケン）4/4-bl　40/2、50/2、60/2、90/2（抜いた糸を押さえる用　25番刺繍糸BLANCでも可）

9本抜いて6本残す格子のベースを作る。124ページ参照

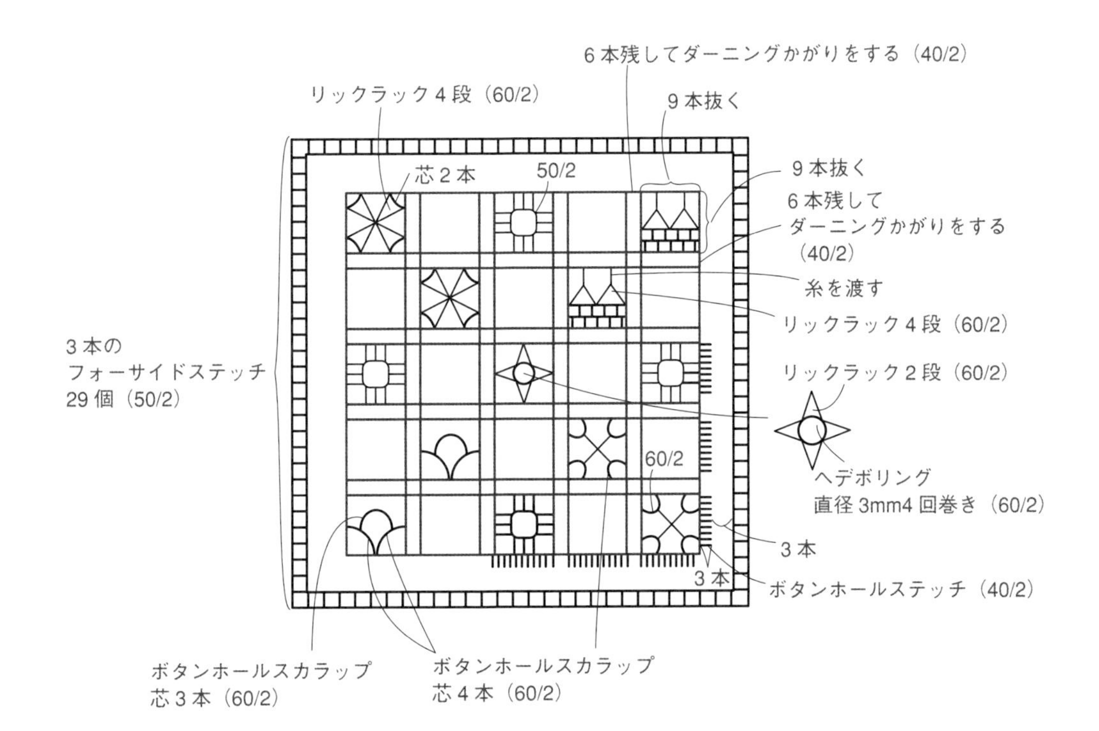

146~151

※**材料**　本体用布（14目/cmのリネン　白）
リネン糸（ボッケン）4/4-blまたは1/2-bl　40/2、50/2、60/2、90/2（抜いた糸を押さえる用　25番刺繍糸BLANCでも可）

9本抜いて6本残す格子のベースを作る。124ページ参照

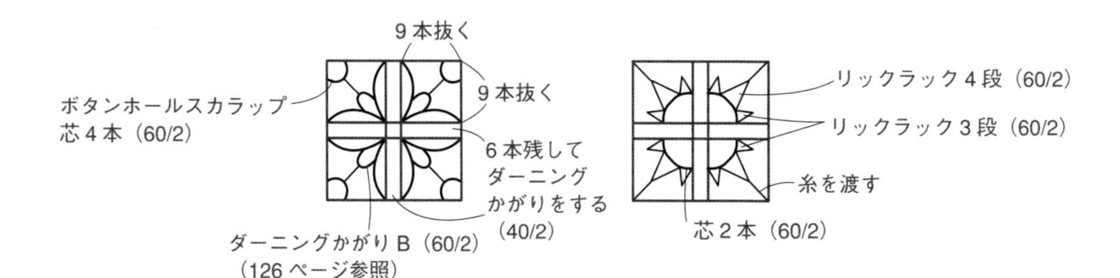

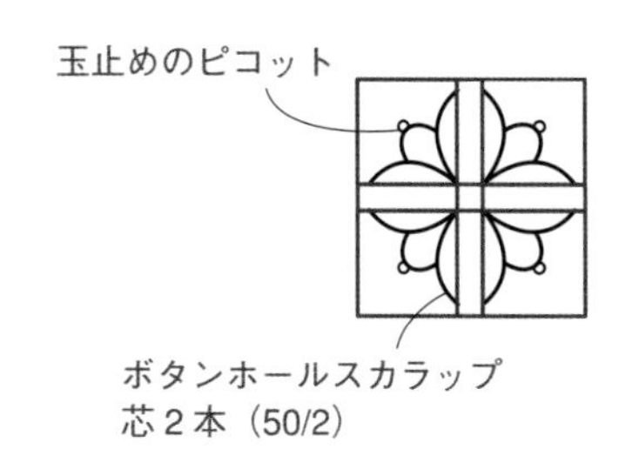

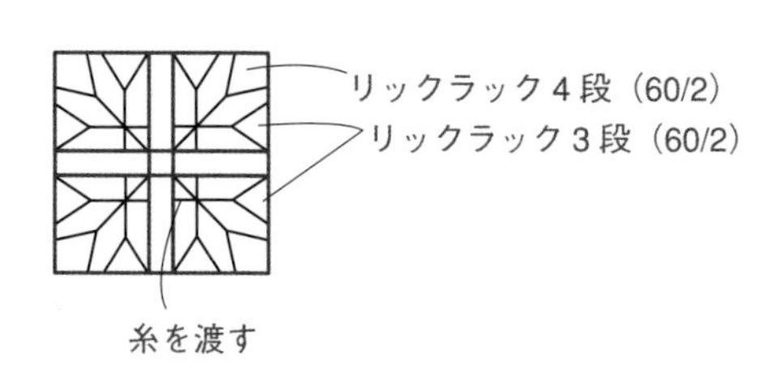

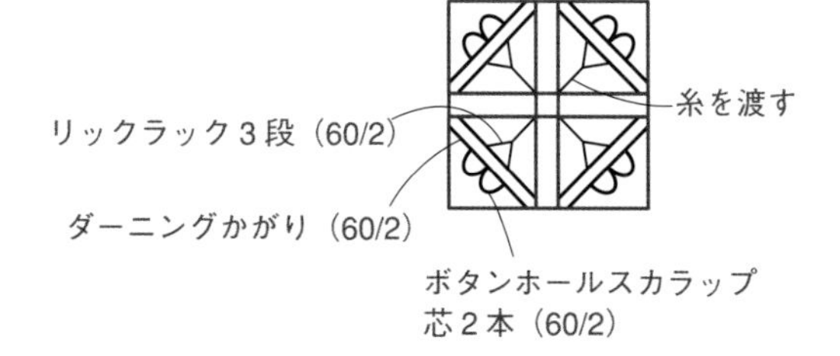

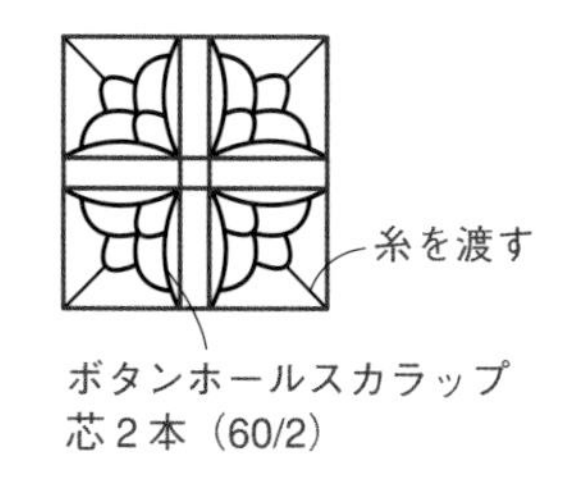

152~156

※**材料**　本体用布（14目/cmのリネン　白）
リネン糸（ボッケン）4/4-blまたは1/2-bl　40/2、50/2、60/2、90/2（抜いた糸を押さえる用　25番刺繍糸BLANCでも可）

9本抜いて6本残す格子のベースを作る。124ページ参照

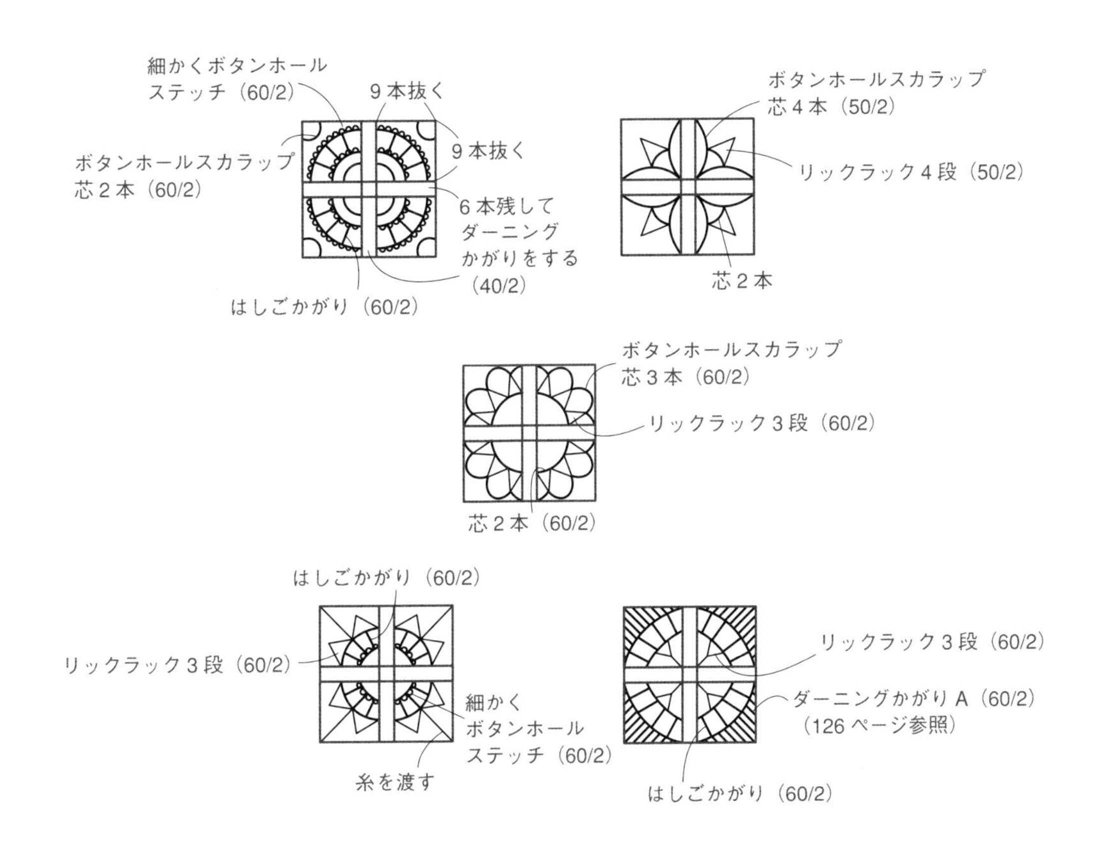

157
158
159

157~159

※材料　本体用布（14目/cmのリネン　白）
　　　　リネン糸（ボッケン）4/4-bl　40/2、50/2、60/2、90/2（抜いた糸を押さえる用
　　　　25番刺繍糸BLANCでも可）

9本抜いて6本残す格子のベースを作る。124ページ参照

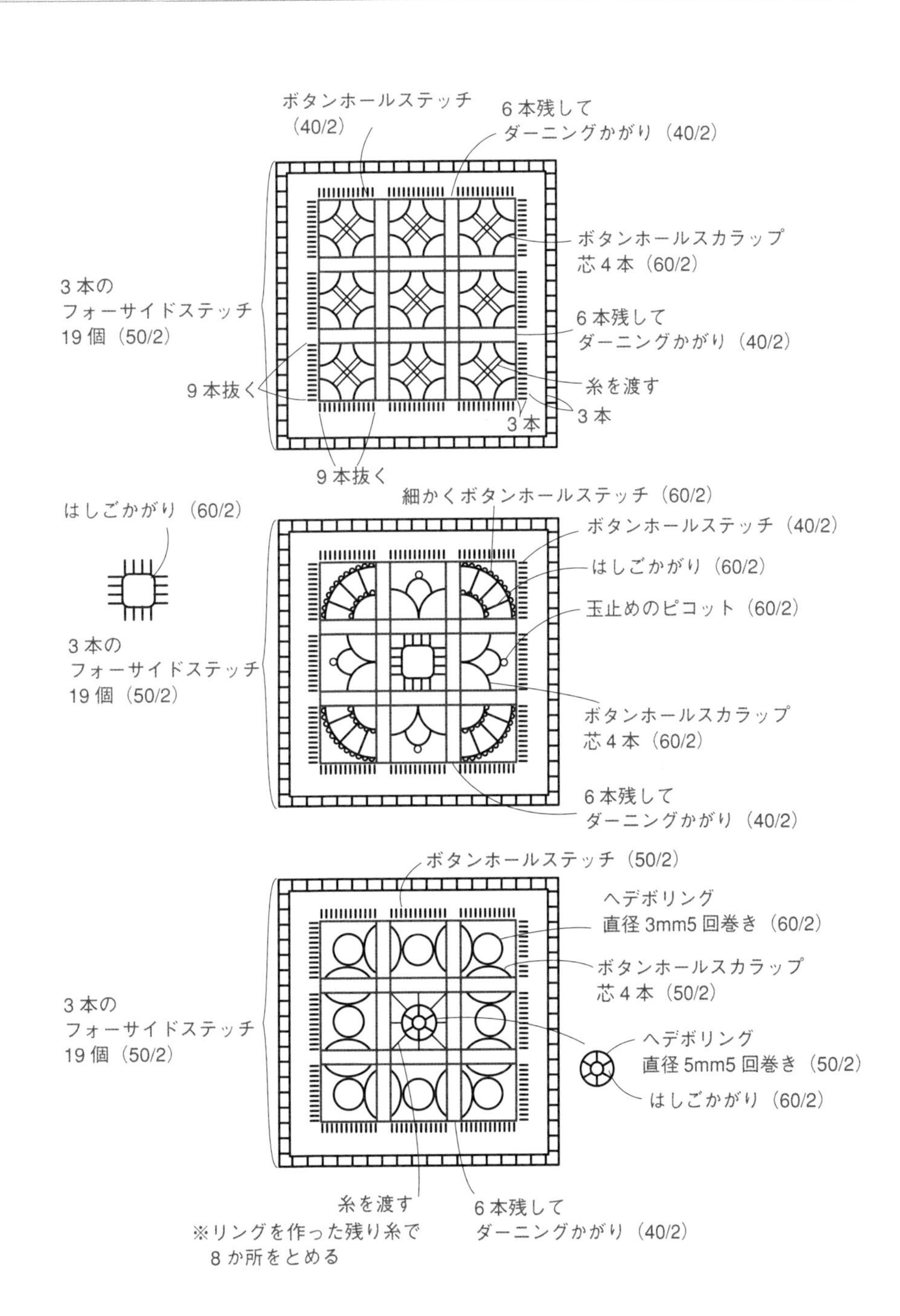

160~163

※材料　本体用布（14目/cmのリネン　白）
リネン糸（ボッケン）4/4-blまたは1/2-bl　40/2、50/2、60/2、90/2（抜いた糸を押さえる用　25番刺繍糸BLANCでも可）

9本抜いて6本残す格子のベースを作る。124ページ参照

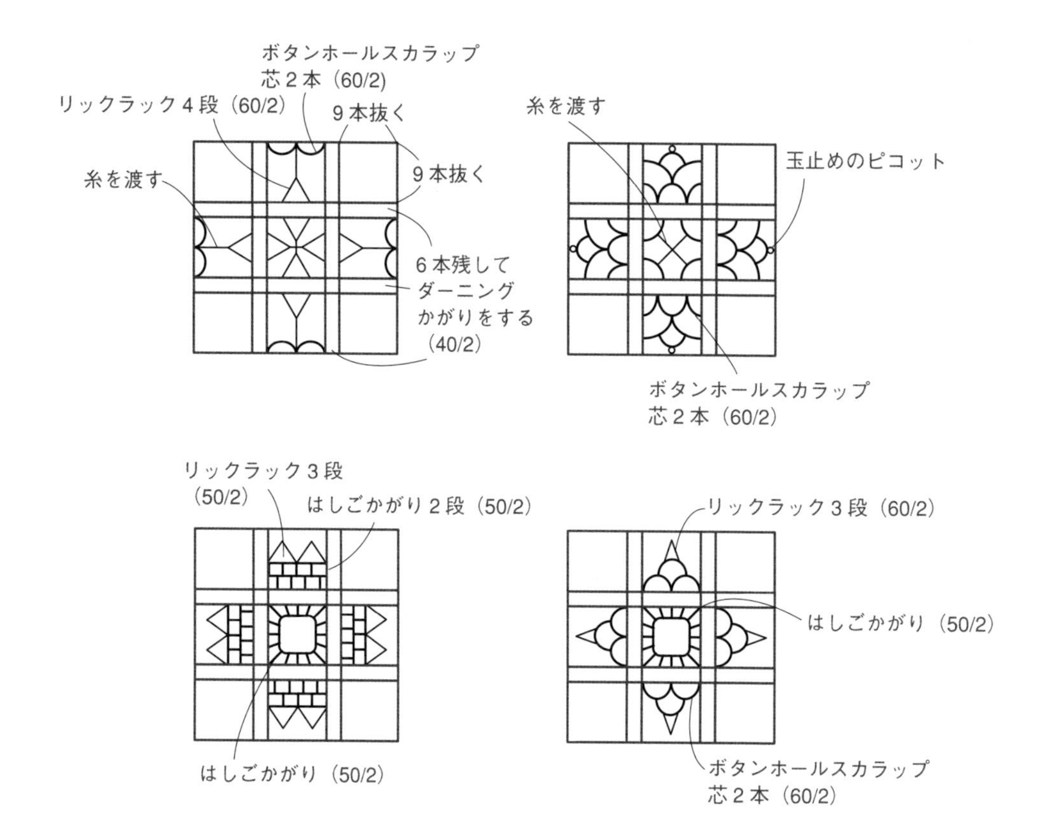

164~166

※材料　本体用布(14目/cmのリネン　白)
リネン糸(ボッケン)4/4-blまたは1/2-bl　40/2、50/2、60/2、90/2(抜いた糸を押さえる用　25番刺繍糸BLANCでも可)

9本抜いて6本残す格子のベースを作る。124ページ参照

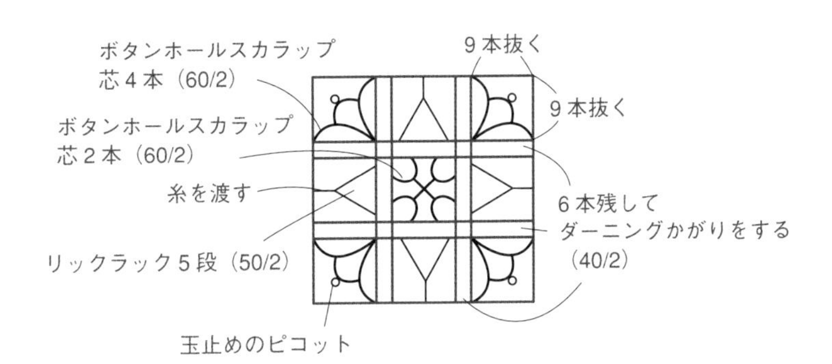

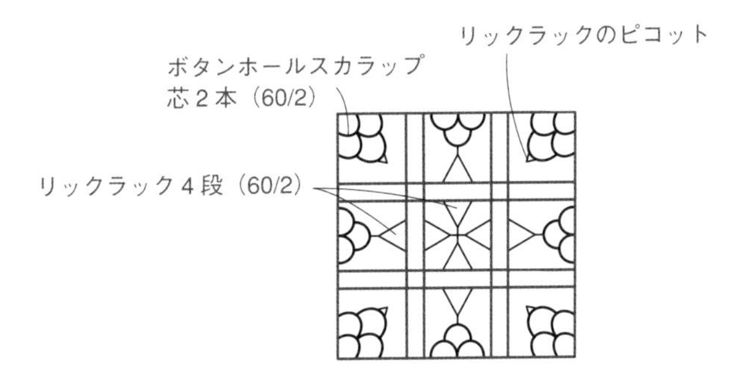

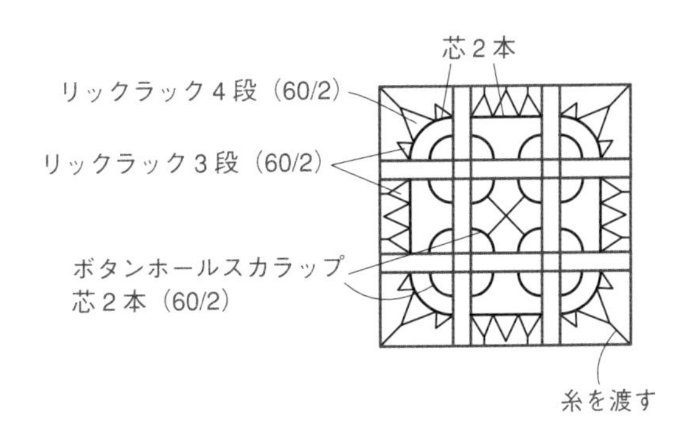

167

168

169

167~169

※**材料**　本体用布（14目/cmのリネン　白）
リネン糸（ボッケン）4/4-bl　40/2、50/2、60/2、90/2（抜いた糸を押さえる用25番刺繍糸BLANCでも可）

9本抜いて6本残す格子のベースを作る。124ページ参照

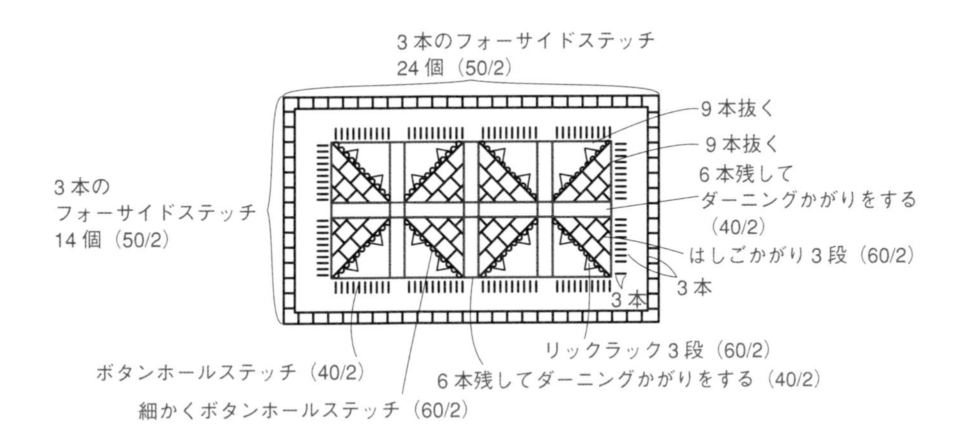

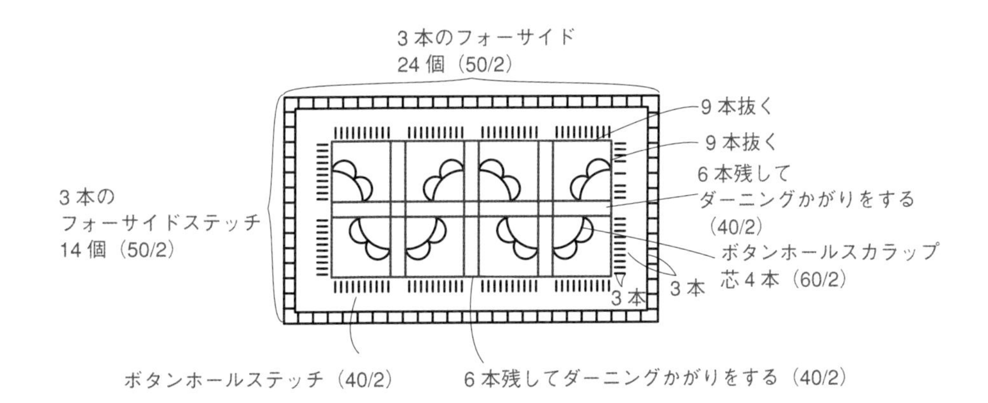

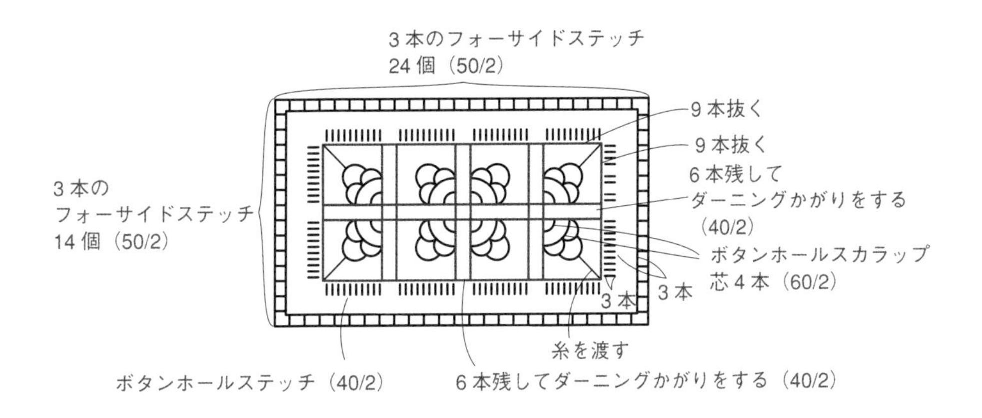

170~173

※材料　本体用布（14目/cmのリネン　白）

リネン糸（ボッケン）4/4-blまたは1/2-bl　40/2、50/2、60/2、90/2（抜いた糸を押さえる用　25番刺繍糸BLANCでも可）

9本抜いて6本残す格子のベースを作る。124ページ参照

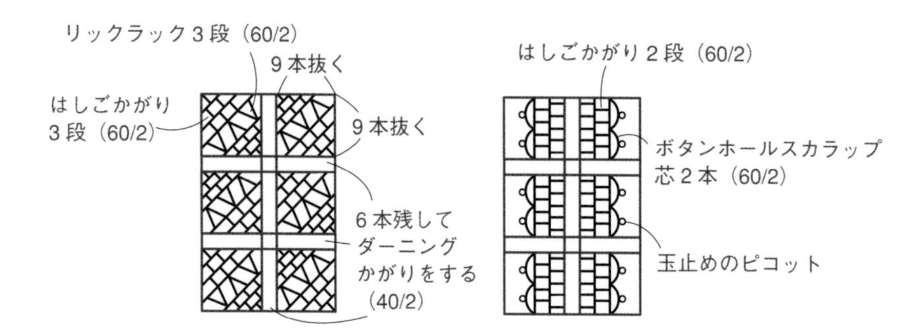

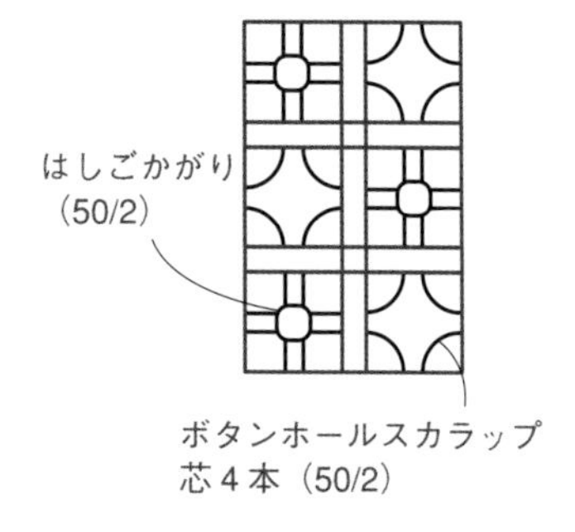

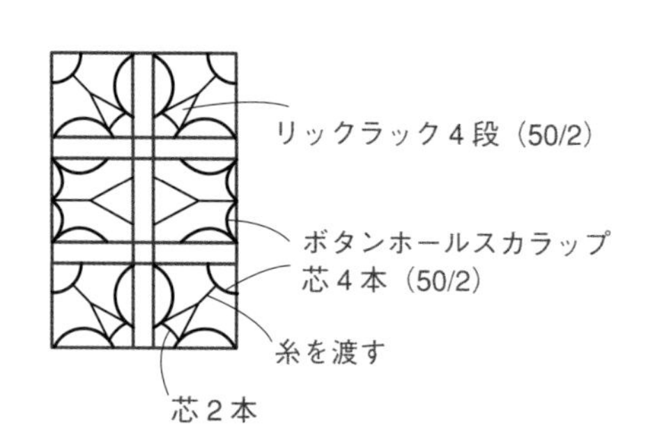

174~176

※**材料**　本体用布（14目/cmのリネン　白）
リネン糸（ボッケン）4/4-blまたは1/2-bl　40/2、50/2、60/2、90/2（抜いた糸を押さえる用　25番刺繍糸BLANCでも可）

9本抜いて6本残す格子のベースを作る。124ページ参照

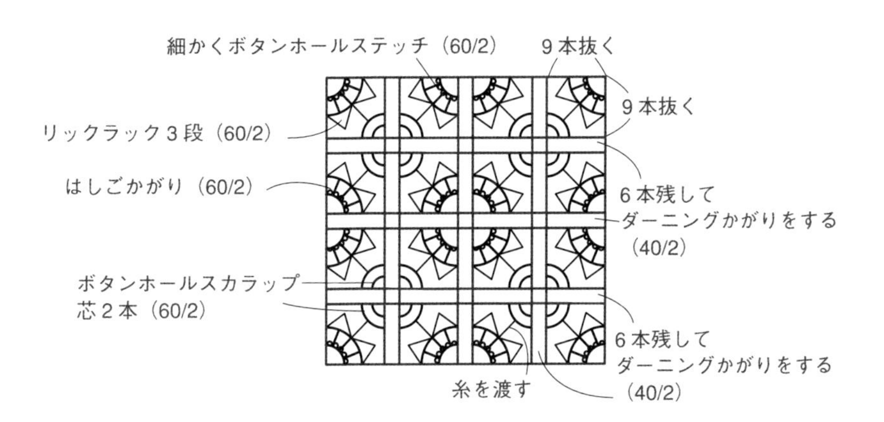

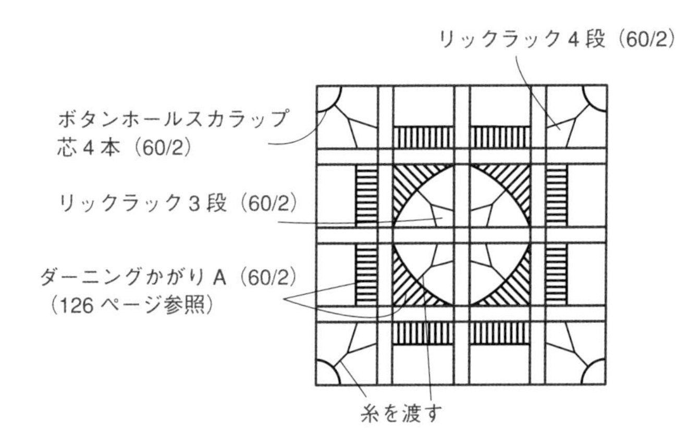

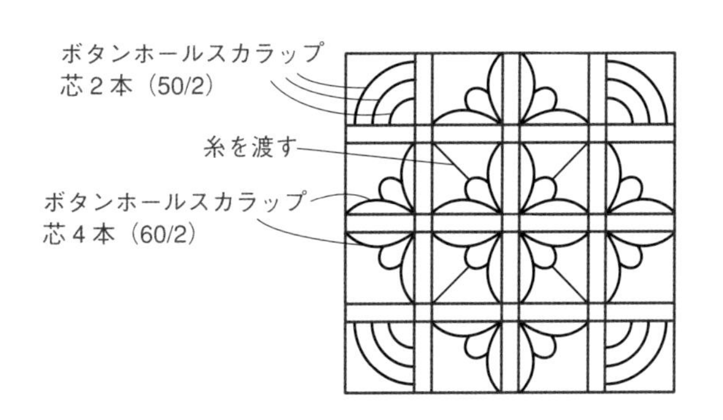

177

178

179

177~179

※材料　本体用布（14目/cmのリネン　白）

リネン糸（ボッケン）4/4-bl　40/2、50/2、60/2、90/2（抜いた糸を押さえる用25番刺繍糸BLANCでも可）

9本抜いて6本残す格子のベースを作る。124ページ参照

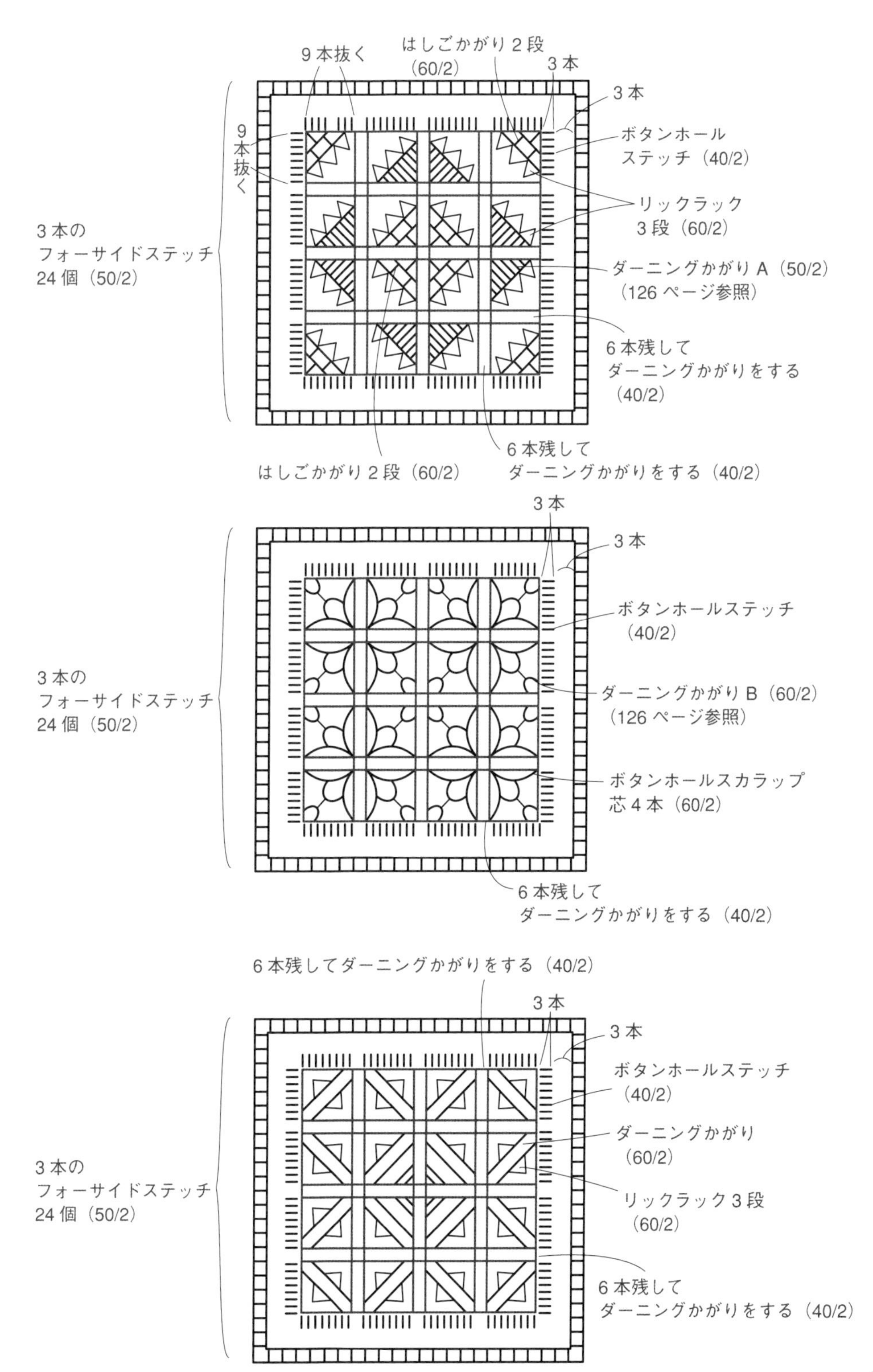

114ページより

110ページより

106ページより

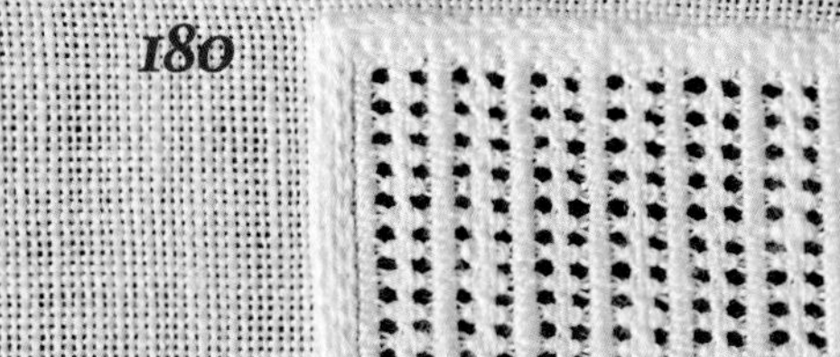

180

181

182

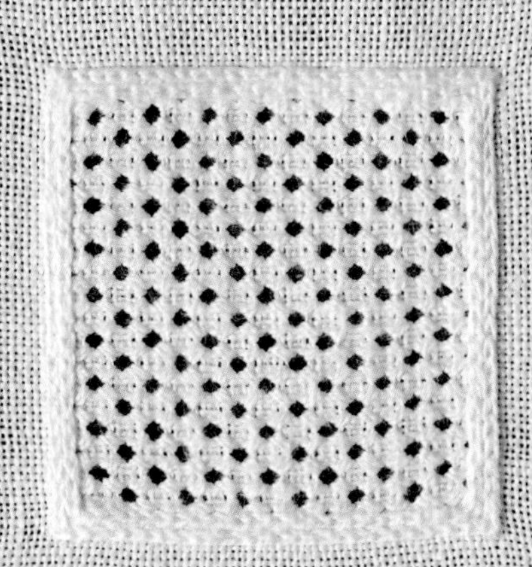

180~182

※**材料**　本体用布（14目/cmのリネン　白）
リネン糸（ボッケン）1/2-bl　40/2、40/3、60/2

模様AとCはタテ糸のみ3本残して1本抜く、模様Bはタテ糸ヨコ糸ともに2本残して1本抜く格子のベースを作る。128ページ参照

模様 A

ベースをタテ糸のみ
3本残して1本抜く

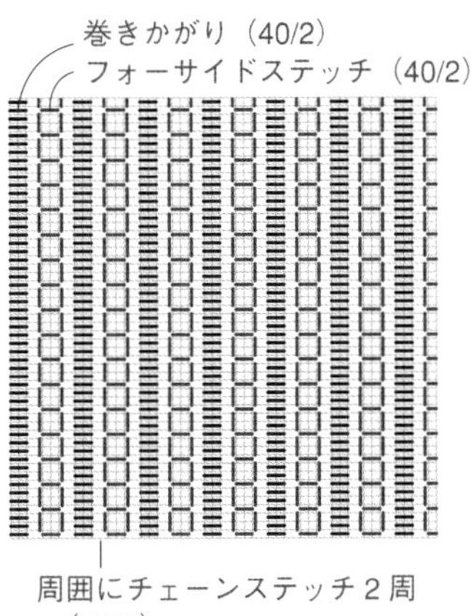

模様 B

ベースをタテ糸、ヨコ糸とも
2本残して1本抜く

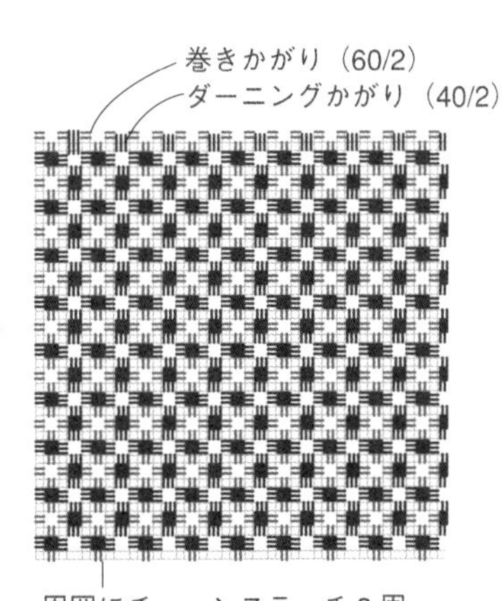

模様 C

ベースをタテ糸のみ
3本残して1本抜く

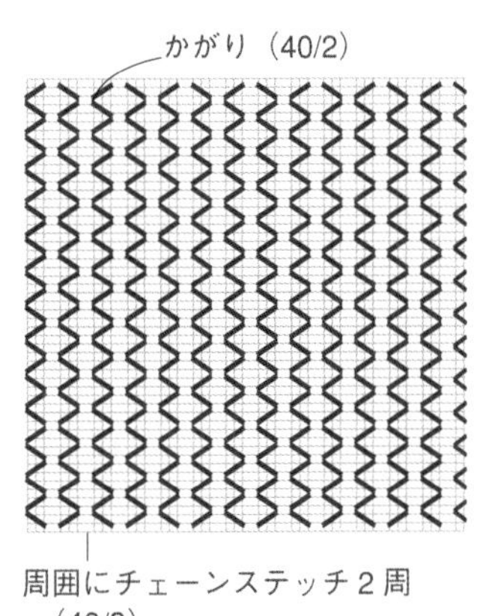

183~185

※**材料**　本体用布（14目/cmのリネン　白）
リネン糸（ボッケン）1/2-bl　40/2、40/3、50/2、60/2

模様Aはヨコ糸、模様Cはタテ糸のみ3本残して1本抜く、模様Bはタテ糸ヨコ糸ともに2本残して1本抜く格子のベースを作る。128ページ参照

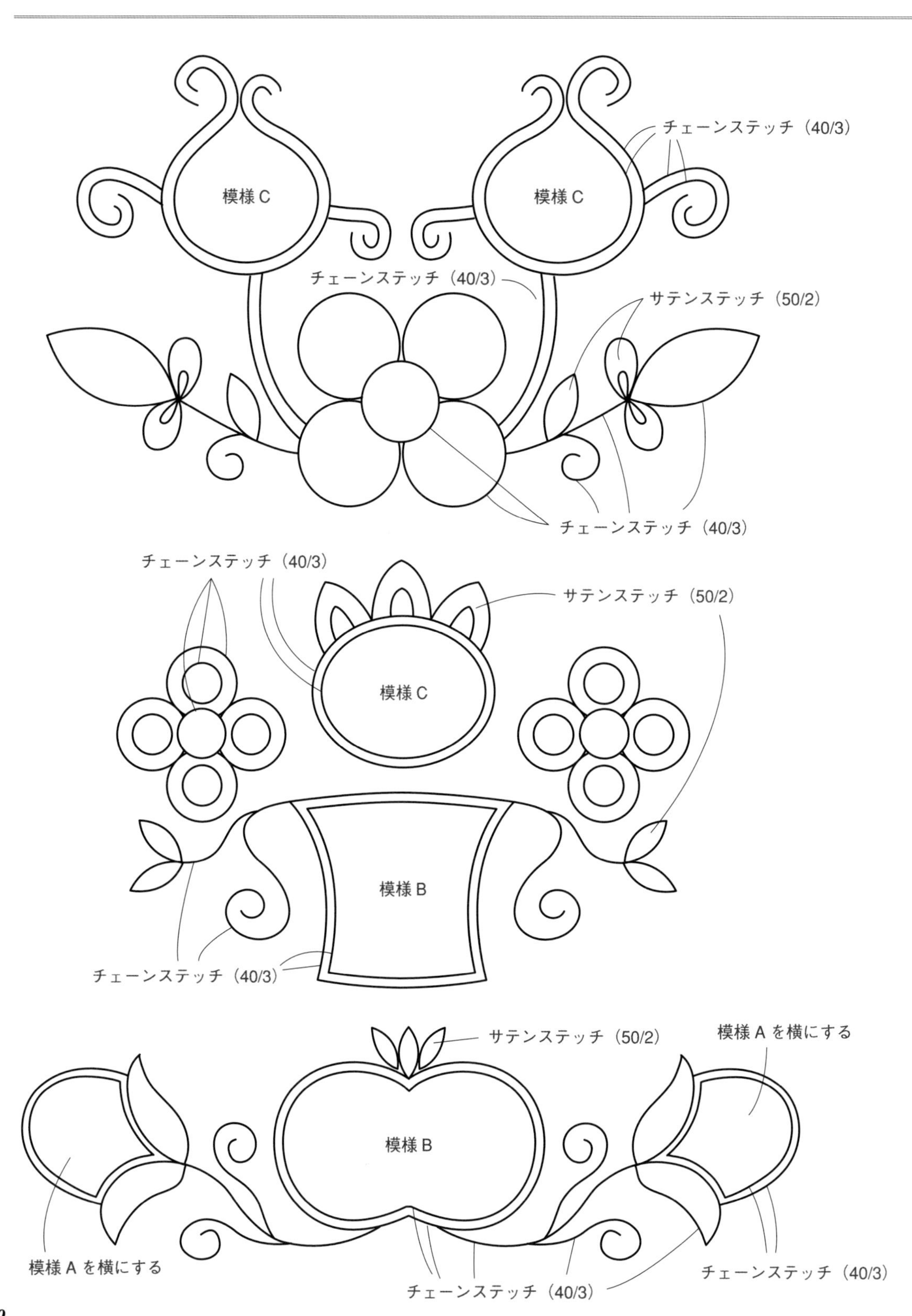

186~188

※材料　本体用布（14目/cmのリネン　白）
リネン糸（ボッケン）1/2-bl　40/2、40/3、50/2、60/2

模様AとCはタテ糸（ヨコ糸）のみ3本残して1本抜く、模様Bはタテ糸ヨコ糸ともに2本残して1本抜く格子のベースを作る。128ページ参照

189
190
191
192

189~192

※材料　本体用布（14目/cmのリネン　白）
リネン糸（ボッケン）1/2-bl　40/2、40/3、50/2、60/2

模様AとCはタテ糸（ヨコ糸）のみ3本残して1本抜く、模様Bはタテ糸ヨコ糸ともに2本残して1本抜く格子のベースを作る。128ページ参照

バルデュリングの刺し方

手順

1. 糸を抜いて格子のスペースを作る。
2. 周囲をヘデボのボタンホールステッチ、格子をダーニングかがりをしてベースを仕上げる。
3. 内側に自由にステッチを刺す。

◆ ベースを作る（4格子）

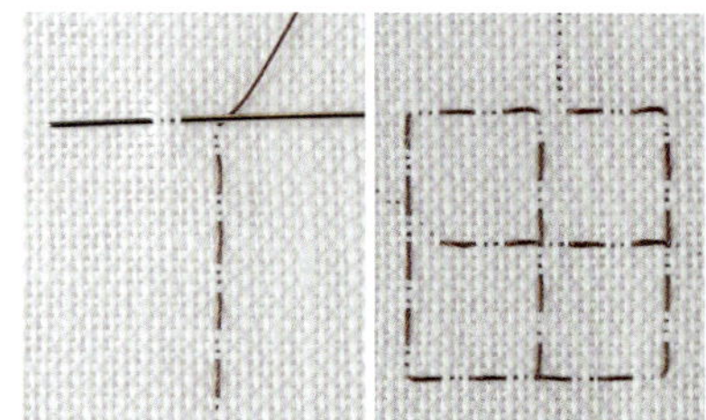

1 織り糸をタテ24本ヨコ24本の中を、3本ごとにすくって格子にガイドを色糸で刺します。刺す順番は自由ですが、ここではタテ中心を刺したらそのまま周囲をぐるりと刺し、いったん糸を切ってヨコ中心を刺します。

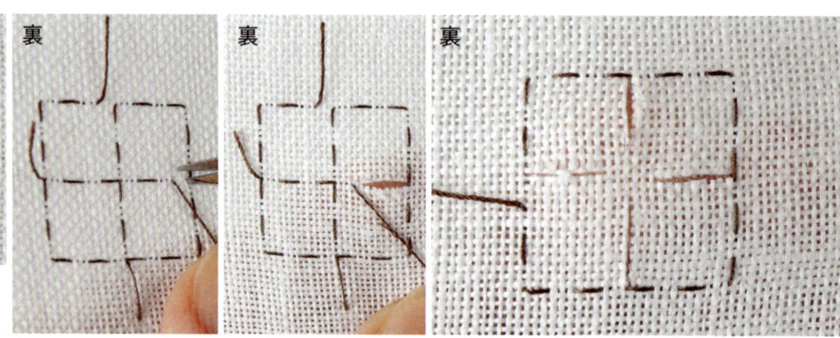

2 裏から織り糸をカットします。ガイドから9本を横にカットします。

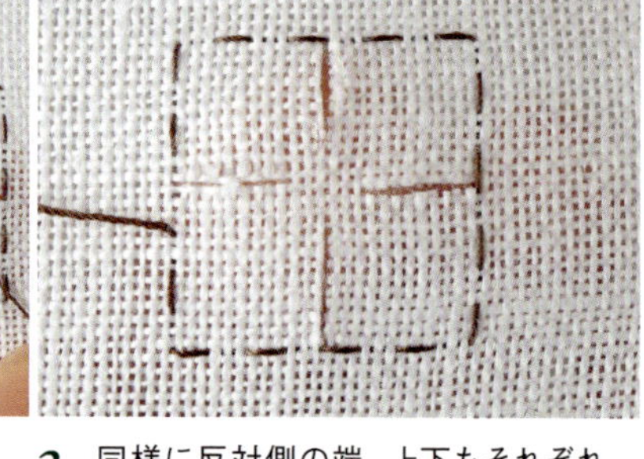

3 同様に反対側の端、上下もそれぞれ9本ずつカットします。中心に6本織り糸が残ります。

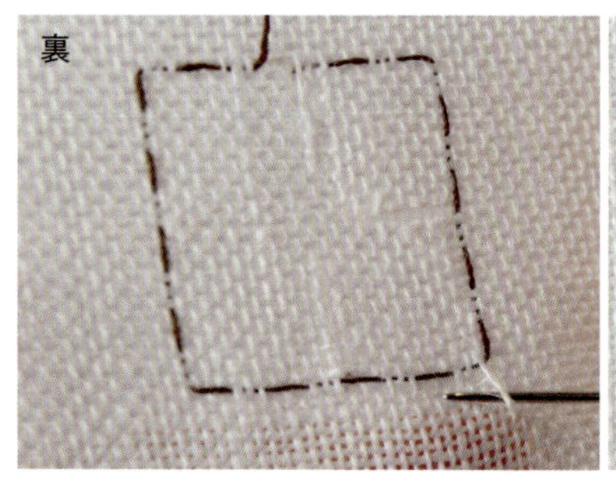

4 織り糸を抜きます。端から順番に針で糸をすくって持ち上げ、少しずつ糸を抜きます。

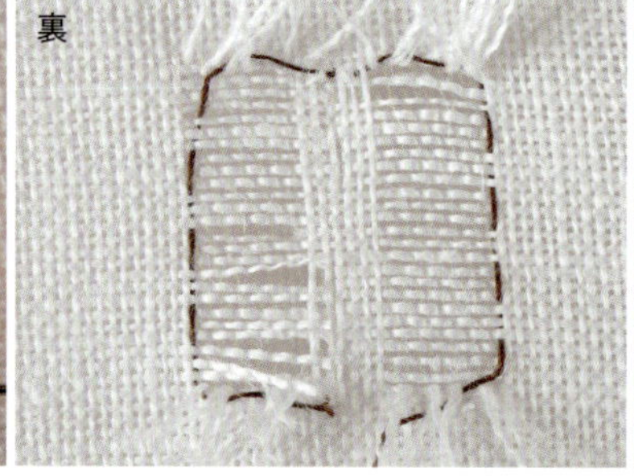

5 タテ糸が抜けました。中心に6本だけ糸が残っています。

6 タテ糸を抜けばヨコ糸もそのまま抜けます。4格子に穴があきました。ここでガイドははずします。

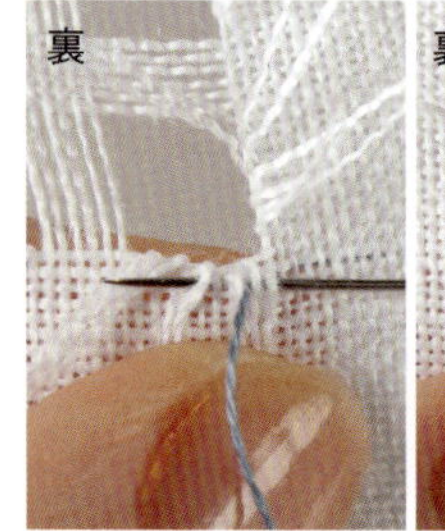

7 端から織り糸のタテ2本ヨコ2本の位置に表から針を入れて裏に出します。カットした糸を外側に折り返して指で押さえ、返し縫いの要領で2本ずつ糸で押さえてしつけをかけます。

8 ぐるりと1周縫って糸を押さえます。中心の格子部分は縫わずに糸を渡します。実際に刺すときはこのしつけの糸は見えなくなりますが、リネン糸の90/2（25番刺繍糸のBLANCでも可）で刺します。

9 先の丸い針で周囲と中心にステッチをします。しつけの上から2、3針ランニングステッチをして角まで縫い、織り糸1本分外に針を出します。

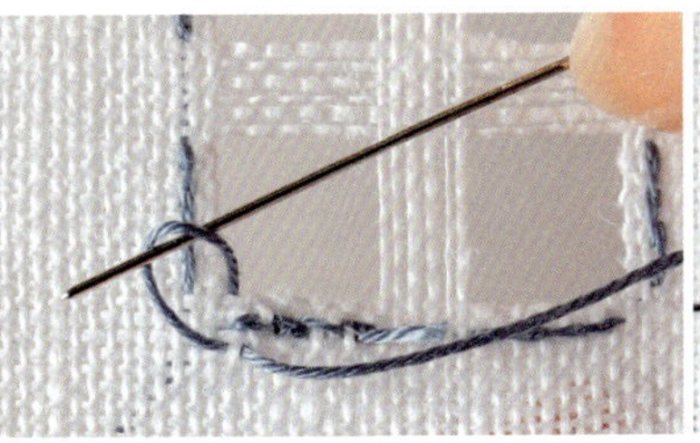

10 ヘデボのボタンホールステッチをします。針を穴に通して裏側から入れ、9で針を出した位置から織り糸1本隣に針を出します。糸を引ききらずにループにし、ループの奥から手前に針を通して糸を引き締めます。

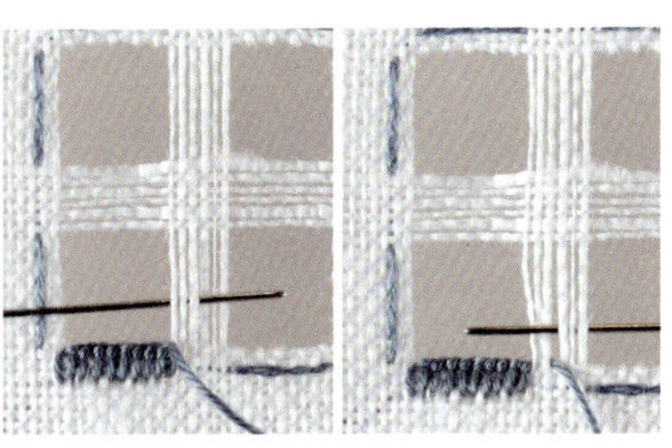

11 1本の織りにヘデボのボタンホールステッチをひとつを刺すことをくり返して、1格子分刺します。次に中心のタテの織り糸にダーニングかがりをします。左から3本、右から3本すくいます。

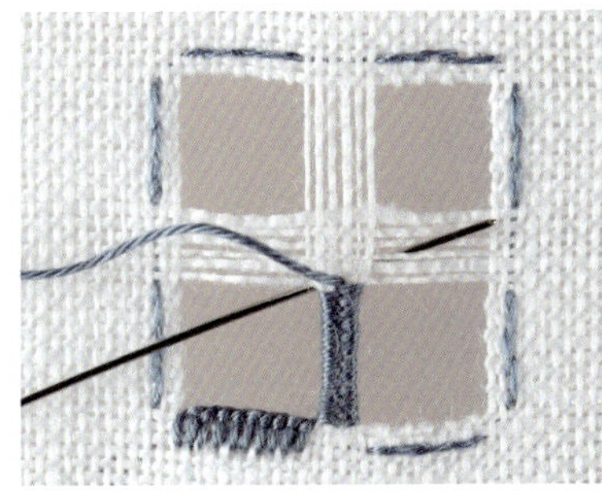

12 これを中央の交差部分までくり返します。中央まで刺せたら右の織り糸の間(3本分)に針を出します。同様にダーニングかがりをします。

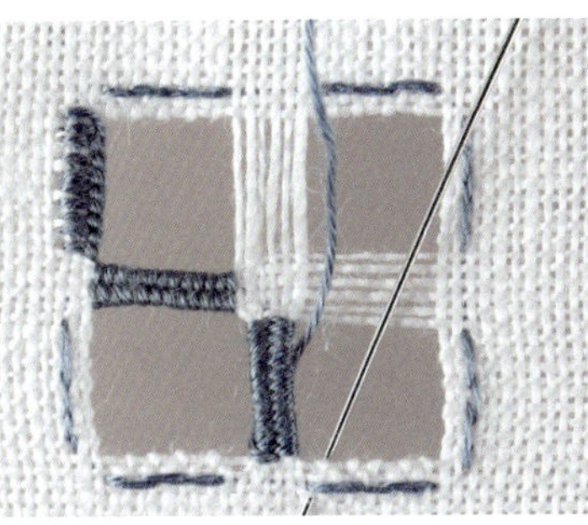

13 刺しやすいように布を回転させ、次はそのまま周囲のボタンホールステッチを刺します。しつけの外側に針を出します。

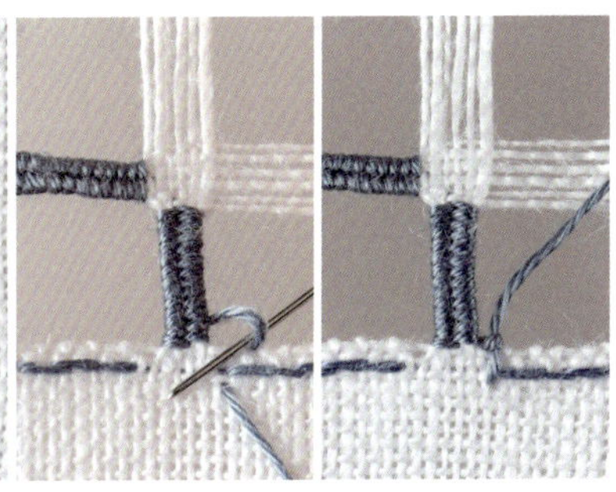

14 糸を引ききらずにループにし、針をループの奥から手前に針を通して糸を引き締めます。

15 角までボタンホールステッチをし、布を回転させて次の辺に針を出して続けます。中心の織り糸まで刺したらダーニングかがりをします。

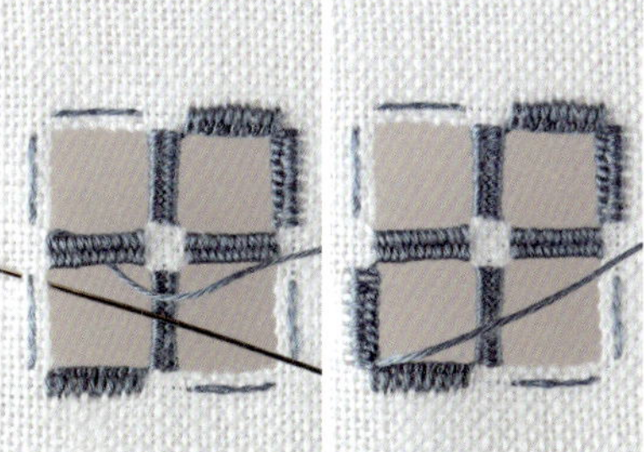

16 ダーニングかがり、ボタンホールステッチをして8の字状にベースができました。

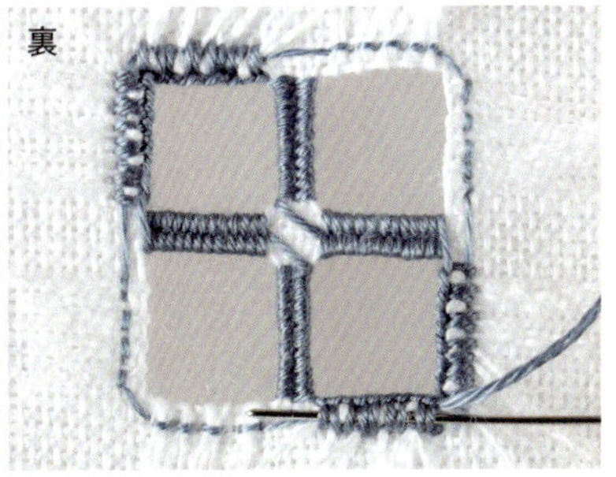

17 次はそのまま刺し進めることができないので、裏の渡り糸の中を通して次の場所に針を出します。

18 裏でダーニングかがりの糸を1本すくいます。

19 しつけから織り糸1本分だけ外に針を出し、ヘデボのボタンホールステッチをします。反対側の角も、裏で糸を通して移動して刺します。

20 抜いた織り糸やボタンホールステッチの外に出ているしつけの糸を裏からカットして、ベースが完成しました。

◆内側に模様を作る　●ダーニングかがりA

1 四角の半分を埋めるダーニングかがりのしかたです。裏から表に針を出し、対角線に針を表から入れて糸を2本渡します。

2 穴から表に針を出し、対角線の糸をすくいます。

3 ダーニングかがりの中心に針を入れて表に引き抜きます。

4 針の向きを変えて対角線の糸をすくいます。

5 対角線の糸をすくう、ダーニングかがりをすくうことをくり返して隙間を埋めていきます。

6 端までくり返せば完成です。

●ダーニングかがりB

1 花びらのようなダーニングかがりのしかたです。2辺のダーニングかがりの角に刺します。ダーニングかがりから針を出し、角に奥から手前に針を出します。糸を引ききらずにループにして針を奥から手前に通します。

2 もう1辺のダーニングかがりに奥から手前に針を出し、ループにして針を奥から手前に通します。両端のダーニングかがりから出ている糸が2本、角の中心から出ている糸が2本になります。

3 右から左に両端の糸をすくって針を通します。

4 次に左から右に中心の糸をすくって通します。これをくり返して先から根本に向けてダーニングかがりで埋めます。

5 完成です。ループの長さでサイズが変わります。

● リックラック

1 ヘデボのボタンホールステッチをします。ダーニングかがりから針を出し、奥から手前に針を出してループにして針を奥から手前に通します。

2 1段めに4つ刺しました。96ページを参照して3、2、1段とリックラックを刺します。

3 リックラックの完成です。

● ボタンホールスカラップ

1 角にボタンホールスカラップを作ります。ダーニングかがりの辺から針を出し、もう1辺に奥から手前に針を出します。最初の位置に戻って奥から手前に針を出します。

2 95ページを参照してヘデボのボタンホールステッチをします。

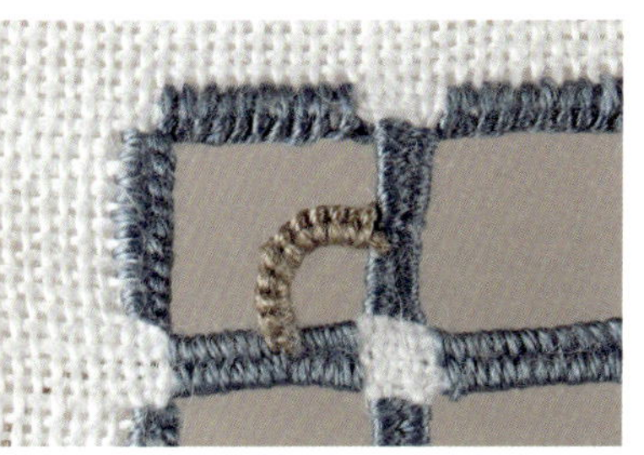

3 端まで刺したら完成です。

◆ 周囲の飾り　● フォーサイドステッチ

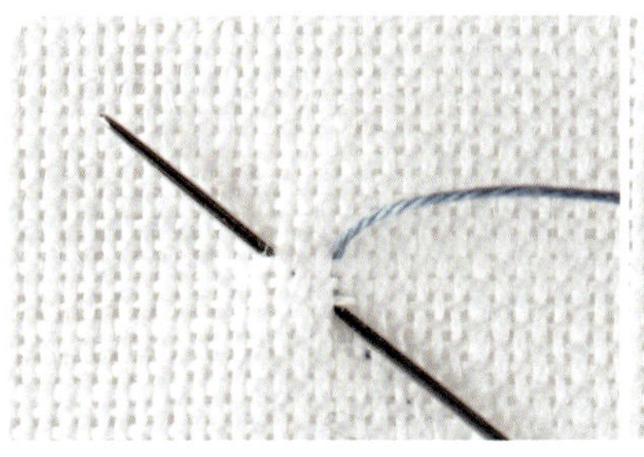

1 バルデュリングの周囲に入れる飾りです。裏から表に針を出し、織り糸のタテ3本下に針を入れ、ヨコ3本タテ3本斜め左上に針を出します。

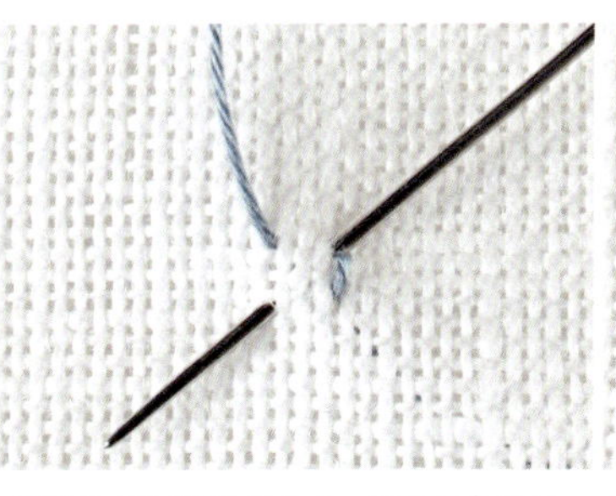

2 ヨコ3本右に針を入れ、ヨコ3本タテ3本斜め左下に針を出します。

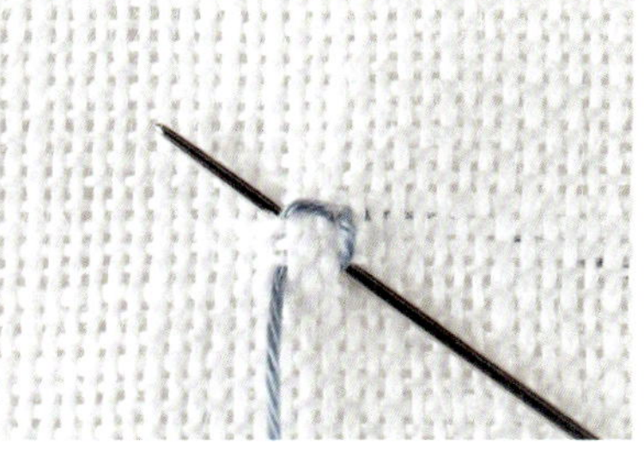

3 ヨコ3本右に針を入れ、ヨコ3本タテ3本斜め左上に針を出します。

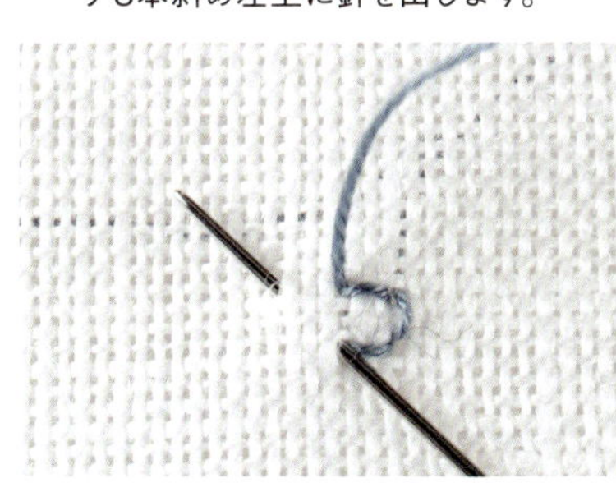

4 タテ3本下に針を入れ、ヨコ3本タテ3本斜め左上に針を出します。

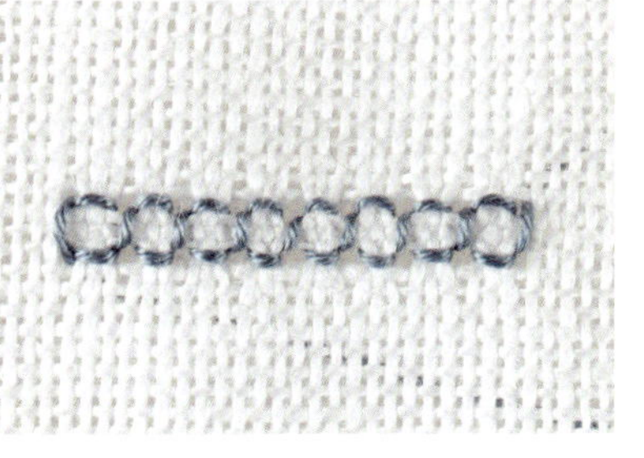

5 これをくり返して周囲に1周します。

 ヴィズスムの刺し方

手順

1. 輪かくをダブルランニングステッチをする。
2. 内側の織り糸を決まった間隔で抜く。
3. 残った織り糸をかがる。
4. 周囲にチェーンステッチを2重に刺す。

◆ベースを作る

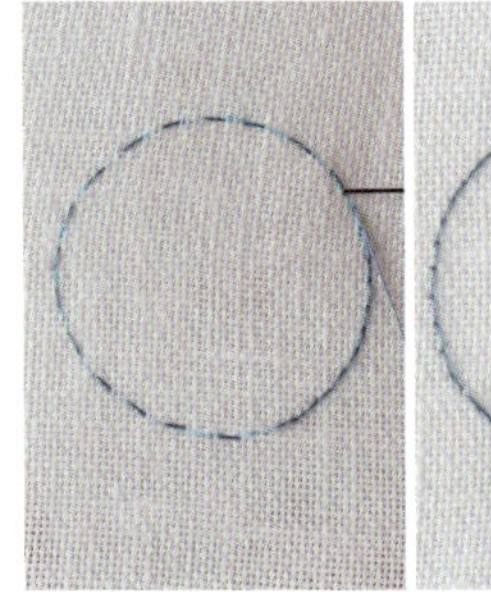
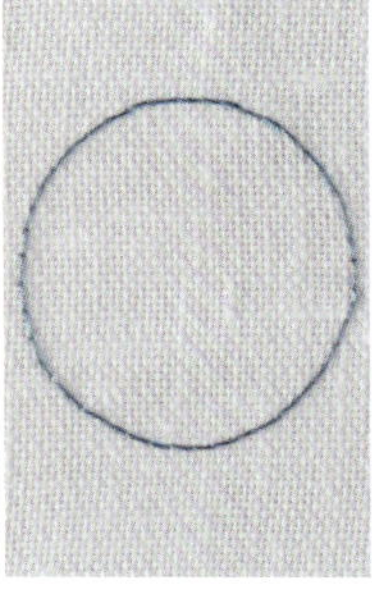

I　92ページを参照して、輪かくをダブルランニングステッチをします。

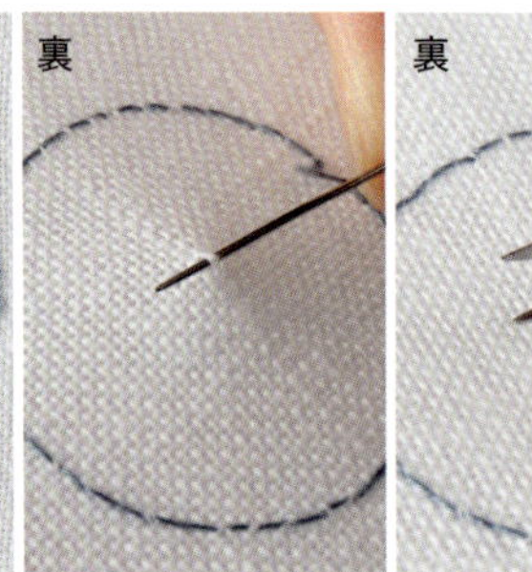

2　裏を上にして図案の中心のタテ糸を針で引き出します。ほかの糸を切らないように注意して、引き出した糸をカットします。

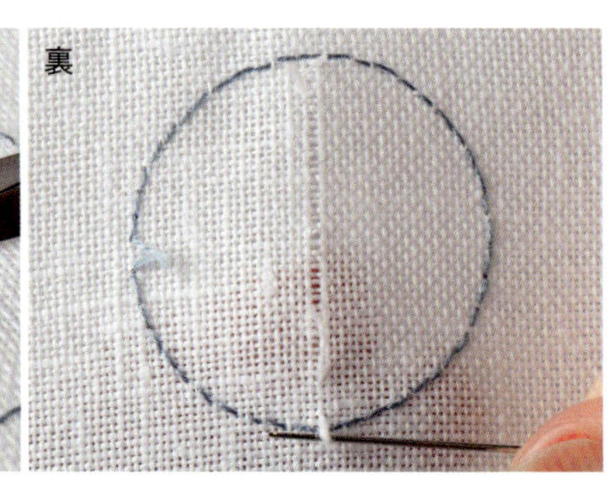

3　切った糸を一気に引き出さずに少しずつすくって引き出します。上下に輪かくまで引き出したらそのままにしておきます。

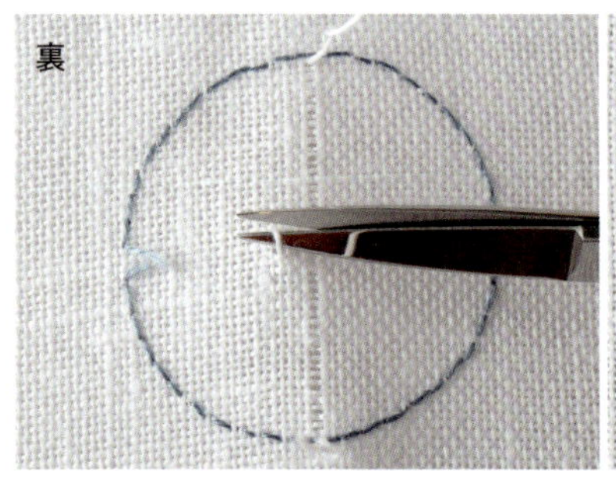

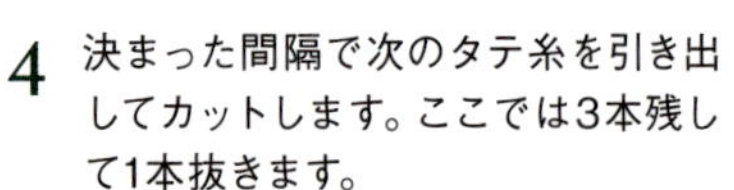

4　決まった間隔で次のタテ糸を引き出してカットします。ここでは3本残して1本抜きます。

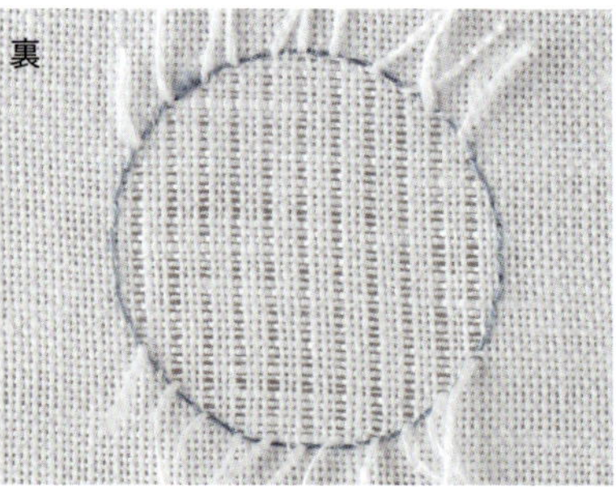

5　タテ糸がすべて抜けました。

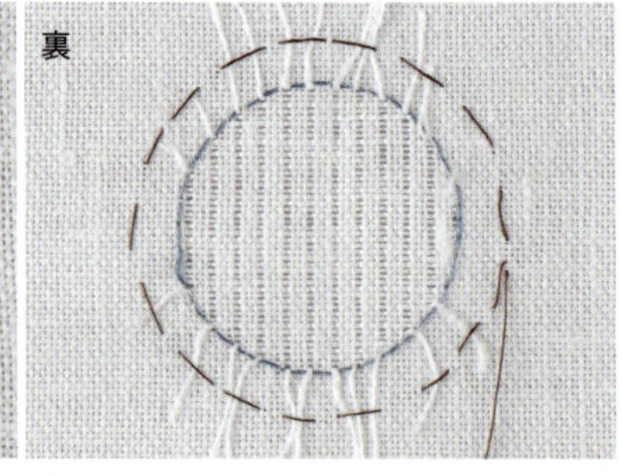

6　抜いたタテ糸をしつけで押さえます。周囲をステッチしてから余分なタテ糸はカットするので、大まかで大丈夫です。

◆模様を刺す　●A（3本残して1本抜く）

I　表を上にして輪かくの少し外側を中心まで4目ほどランニングステッチをして、輪かくの内側の糸を抜いた隙間に針を出します。

2　3本残して1本抜いているので3本右の隙間から針を入れ、ヨコ3本タテ1本斜め左上に針を出します。

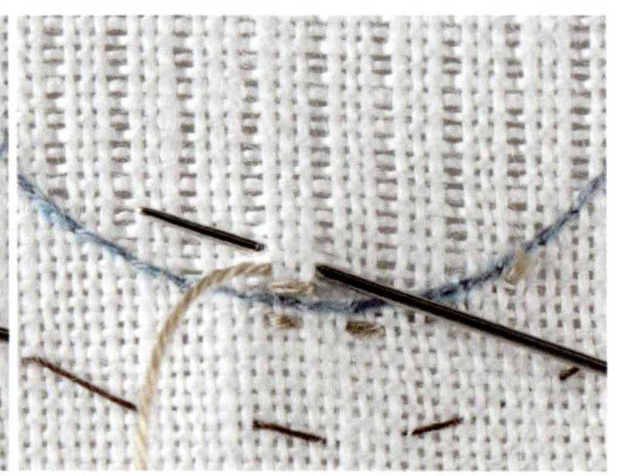

3　同様に3本右の隙間から針を入れ、ヨコ3本タテ1本斜め左上に針を出します。残した3本を芯にして縦に1本ずつ糸を渡して巻きかがります。

4　端までかがったら輪かくの外に針を出してランニングステッチで次の3本に移ります。3本とばしでかがっていきます。

5　次にかがっていない3本をステッチします。下中心の右側の隙間に針を出し、3本左に針を入れ、ヨコ3本タテ3本右上に針を出して糸を引きます。

6　3本下に針を入れ、ヨコ3本タテ3本左上に針を出して糸を引きます。

7　3本下に針を入れ、ヨコ3本タテ3本右上に針を出して糸を引きます。

8　3本左に針を入れ、ヨコ3本タテ3本右上に針を出して糸を引きます。フォーサイドステッチと同じです。

9　これをくり返して端まで刺したら輪かくの外に針を出してランニングステッチで次の3本に移ります。すべてのステッチが刺せました。

●B（2本残して1本抜く）

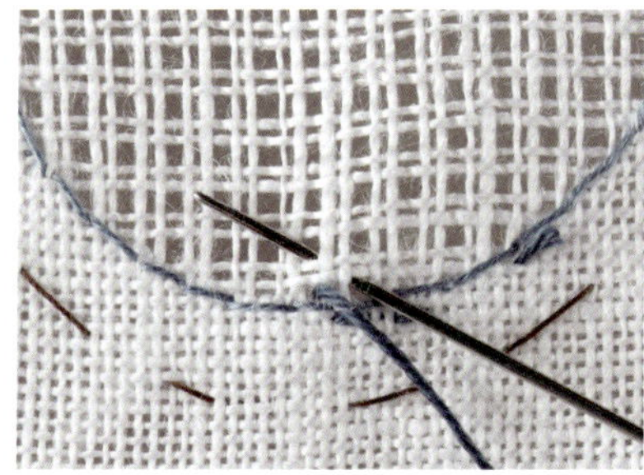

1　128ページを参照して、タテ糸とヨコ糸ともに2本残して1本抜いたベースを作り、中心の隙間から針を出します。2本右に針を入れ、ヨコ2本タテ2本左上に針を出します。

2　抜いた部分を2回かがり、左上に針を出してまた2回かがることをくり返します。タテヨコともにすべてかがります。

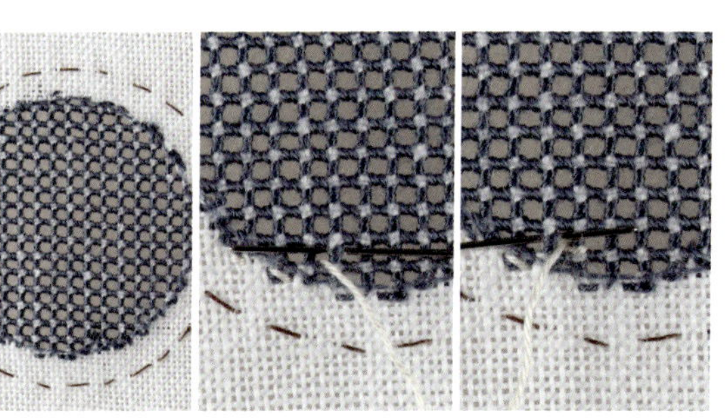

3　次に、左下から針を出し、右と左の糸を交互にすくうことを3回くり返してダーニングかがりをします。

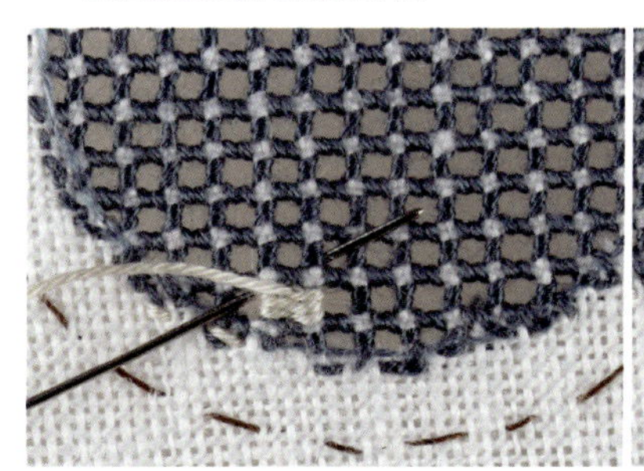

4　3回目の左から針を入れたところで右斜め上に針を出します。

5　次は上下にかがります。上から針を入れて中心に出し、下から針を入れて中心に出すことを3回くり返します。

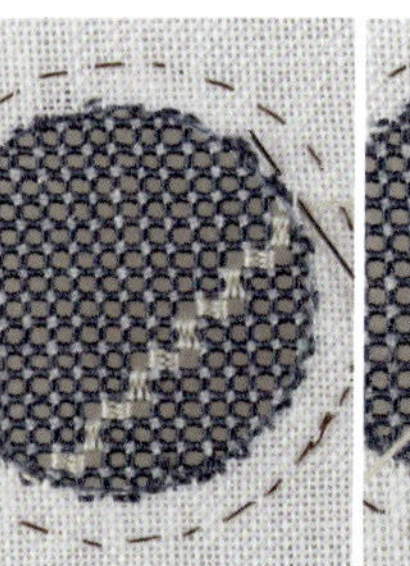

6　このようにタテとヨコのダーニングかがりを斜めに刺します。端まで刺したら輪かくの外側でステッチをして次の列に移動します。

●C（3本残して1本抜く）

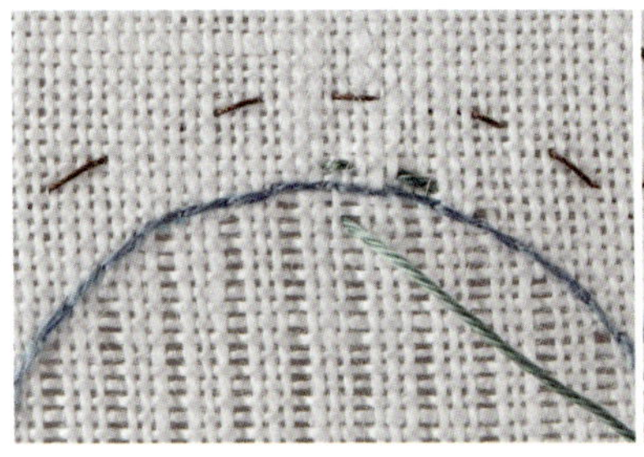

1 128ページを参照して、タテ糸3本残して1本抜いたベースを作り、中心の隙間から針を出します。針を出す位置は端からヨコ糸2本めです。

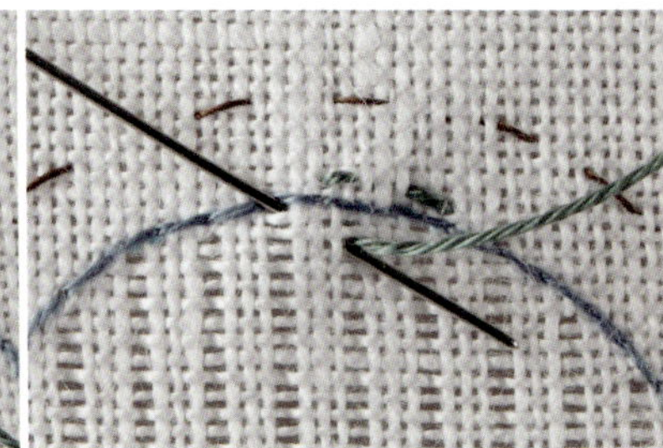

2 ヨコ3本タテ2本左上から針を入れ、1と同じ場所に針を出します。

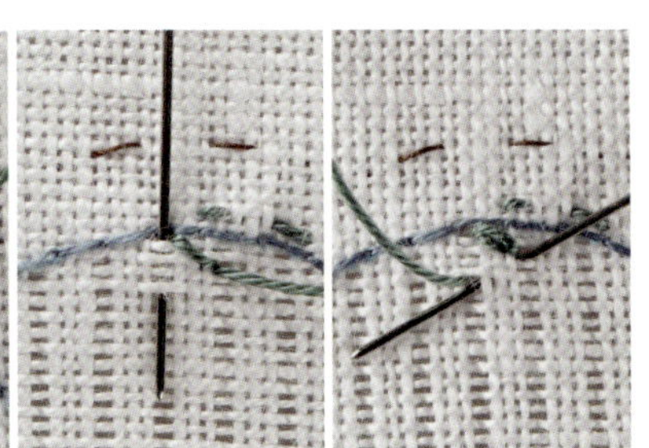

3 2と同じ場所に針を入れ、4本下に針を出します。次にヨコ3本タテ2本右上に針を入れ、同じ場所に針を出します。

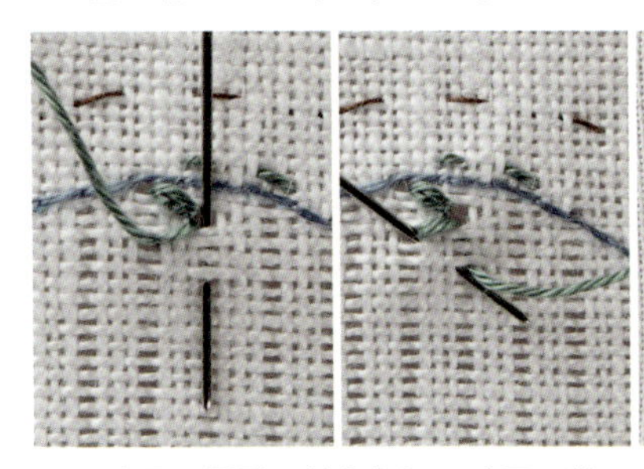

4 3と同じ場所に針を入れ、4本下に針を出します。次にヨコ3本タテ2本左上に針を入れ、同じ場所に針を出します。

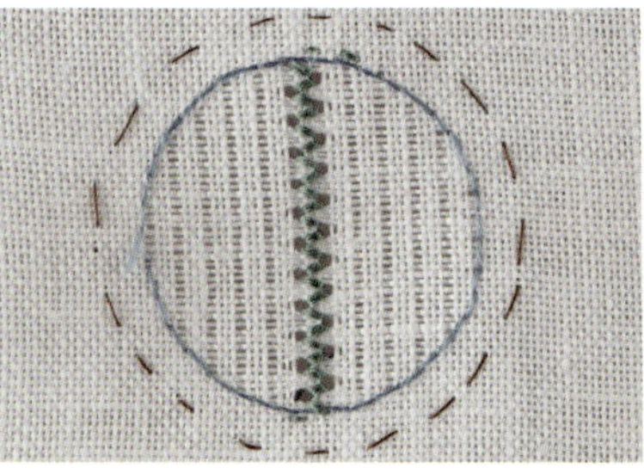

5 斜めに2回刺すことをくり返してジグザグにかがります。

6 次の列は隣の3本を1段ずらして同様にかがります。

◆周囲の始末

1 輪かくに沿って4目ほどランニングステッチをしてからチェーンステッチをします。

2 1周ステッチをしたら最初のステッチに針を通して輪をとじます。

3 1周めのチェーンステッチの横に針を出し、2周めのチェーンステッチをします。

4 チェーンステッチをすることで輪かくが隠れ、抜いた糸も押さえられます。

5 裏の抜いた糸をチェーンステッチのきわでカットします。ほかの糸を切らないように注意してください。

6 これで完成です。裏からはしつけの糸などが見えますが表からは見えません。

◆模様の刺し方図

・**模様 A**（ベースはタテ糸のみ３本残して１本抜く）

巻きかがりとフォーサイドステッチの組み合わせ

巻きかがり

フォーサイドステッチ

・**模様 C**（ベースはタテ糸のみ３本残して１本抜く）

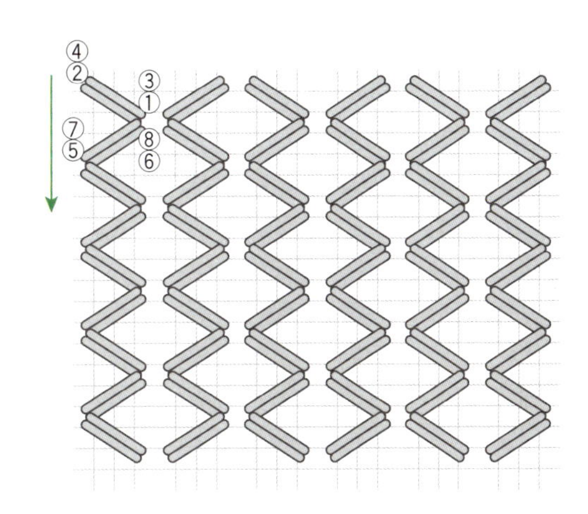

・**模様 B**（ベースはタテ糸ヨコ糸ともに２本残して１本抜く）

巻きかがりとダーニングステッチの組み合わせ

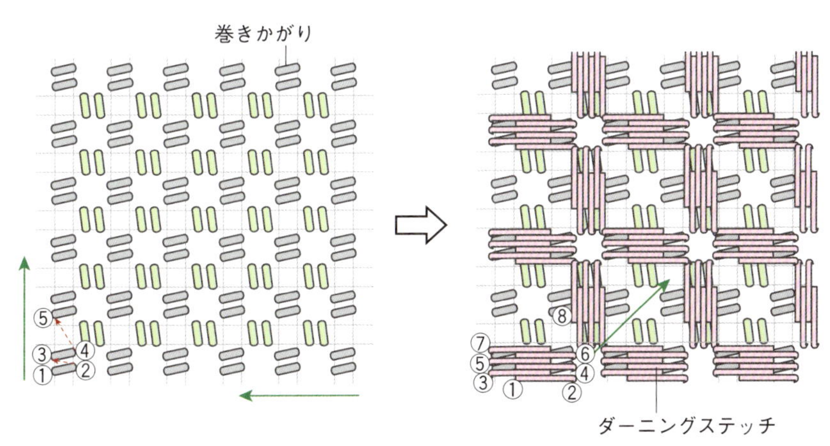

基本の刺し方③ 一般的な刺繍の刺し方を解説します。94、100ページもあわせてご覧ください。

チェーンステッチ

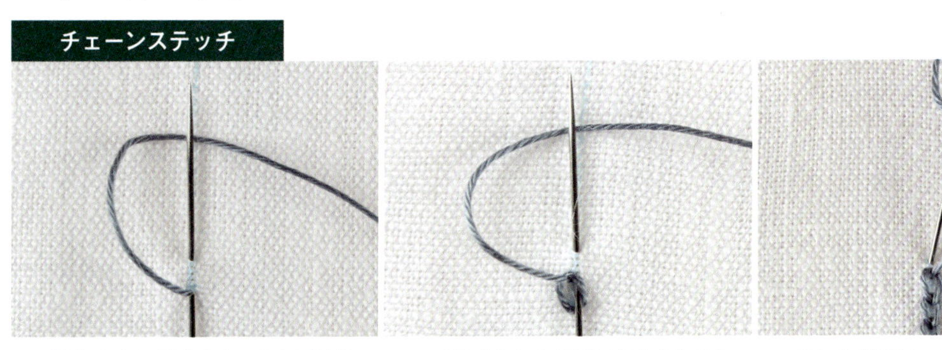

1 図案の上に針を出し、また同じ位置に針を入れてひと針すくいます。針先に糸をかけて針を抜きます。

2 1で針を入れた位置に針を入れてひと針すくい、針先に糸をかけて針を抜きます。

3 これをくり返し、最後はループの先に針を入れます。

122ページより

118ページより

Hedebo Lace
縁飾りのヘデボ

ヘデボの縁飾りレースです。縁だけの刺繍でもかわいいですが、22ページからのコースターやドイリーのようにほかのヘデボの技法と組み合わせて使います。縁をカーブにするかまっすぐのままか、基本のステッチをどう組み合わせて縁飾りにするかを考えます。

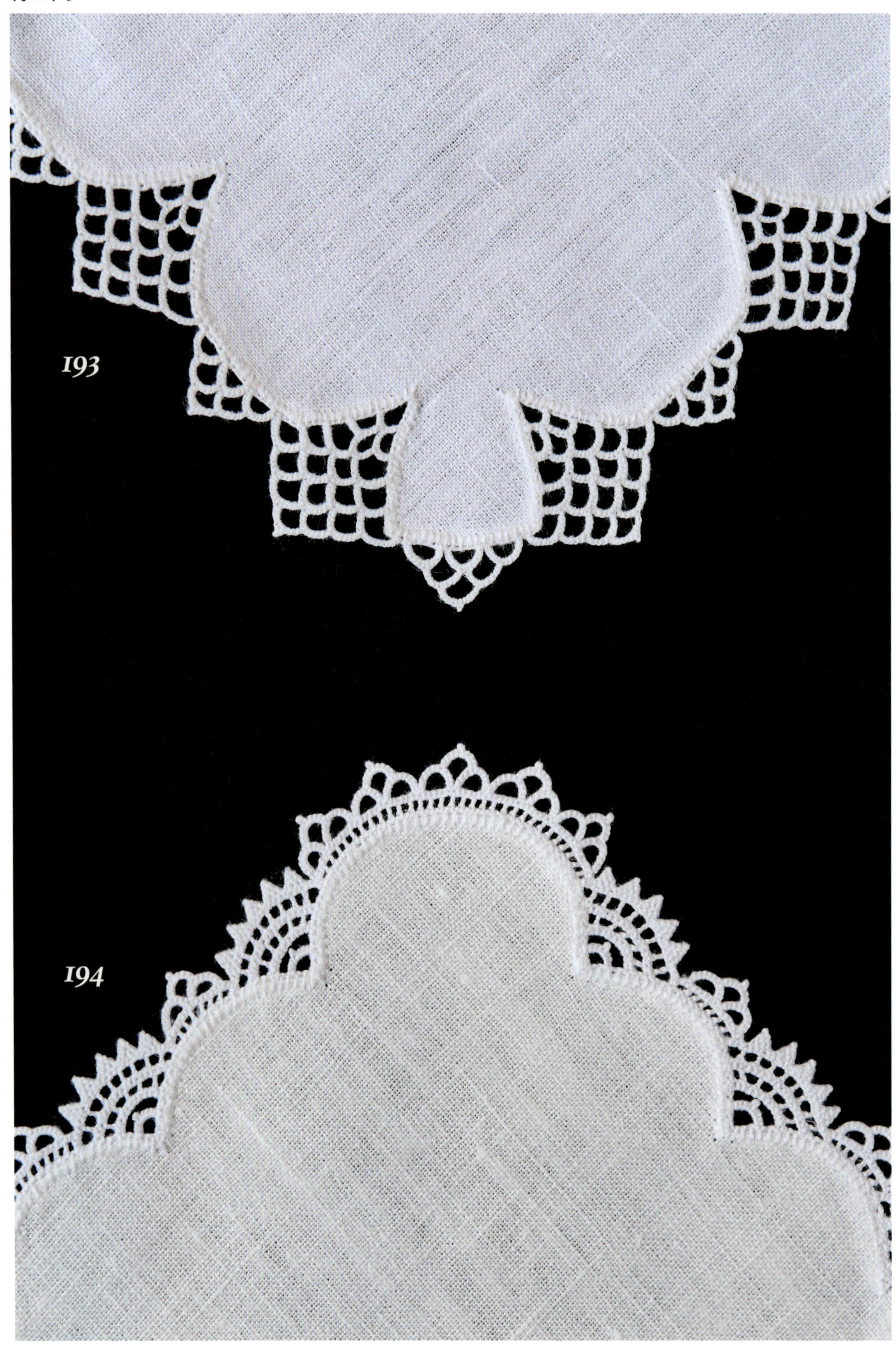
193
194

195
196

193

※**材料**　本体用布（目の詰まったリネン　白）
リネン糸（ボッケン）4/4-b1　50/2、60/2

輪かくのダブルランニングステッチとボタンホールステッチは50/2、縁飾りは60/2

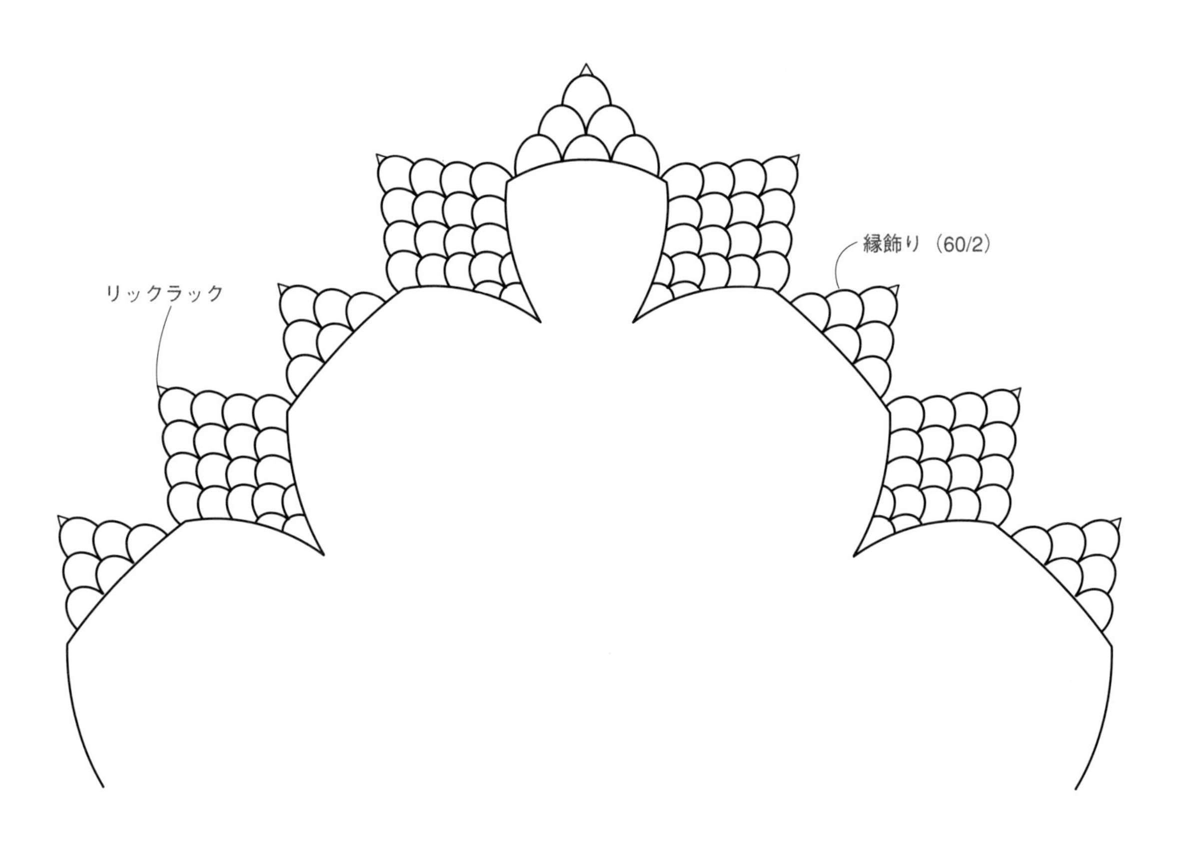

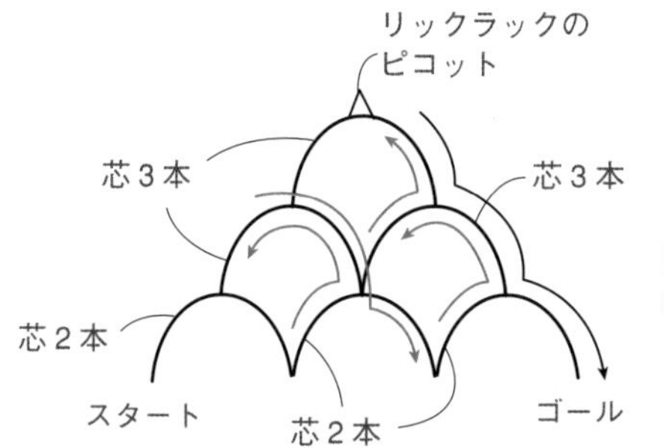

194

※材料　本体用布（目の詰まったリネン　白）
アブローダー（DMC）BLANC　#25、30
輪かくのダブルランニングステッチとボタンホールステッチは#25、縁飾りは#30

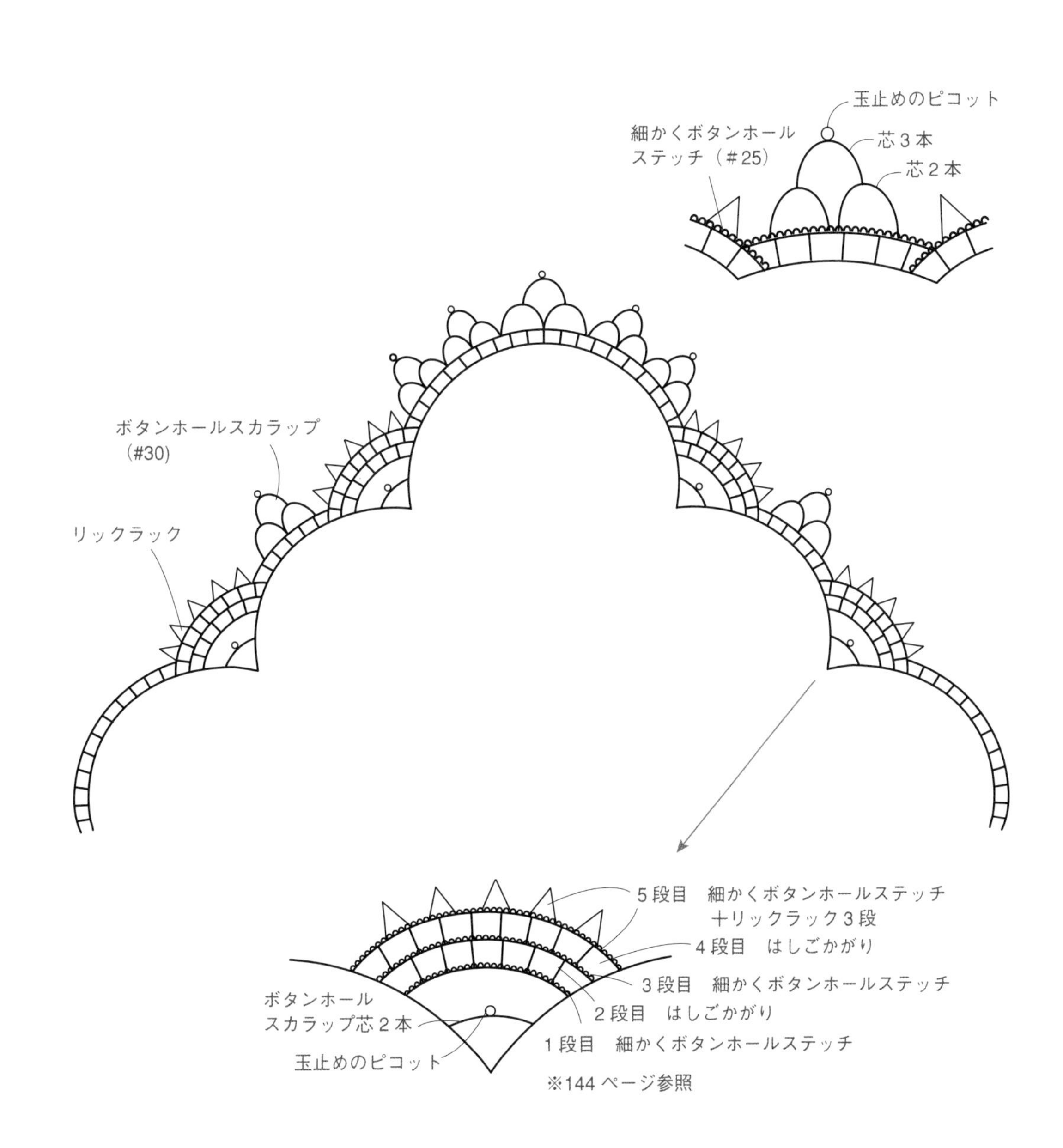

※144ページ参照

195

※**材料**　本体用布（目の詰まったリネン　白）
リネン糸（ボッケン）4/4-b1　50/2、60/2

輪かくのダブルランニングステッチとボタンホールステッチは50/2、縁飾りは60/2

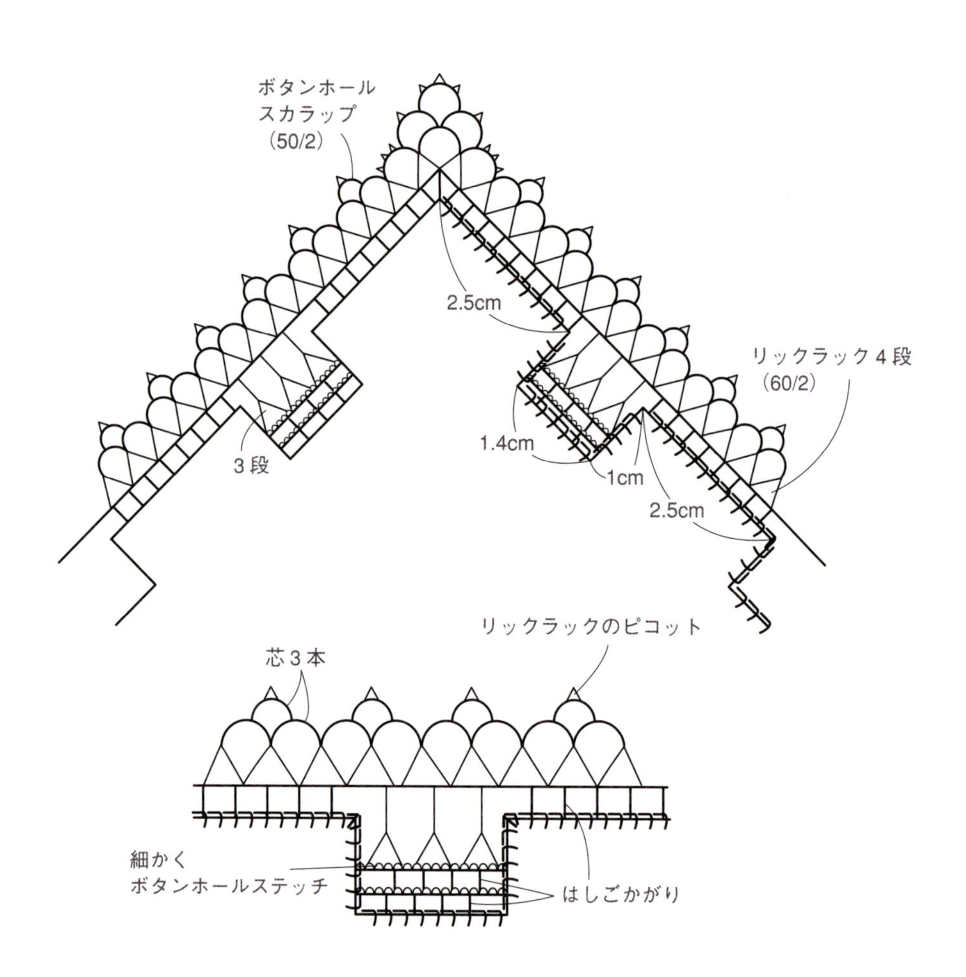

６段目の作り方

※146ページ参照

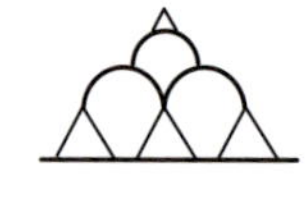

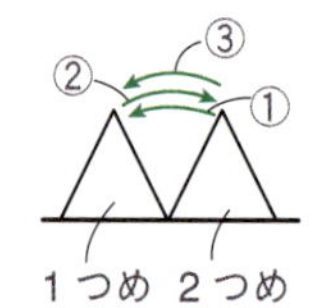

２つめのリックラックの
頂点からひとつめの
リックラックに
芯を３本渡す

⇨

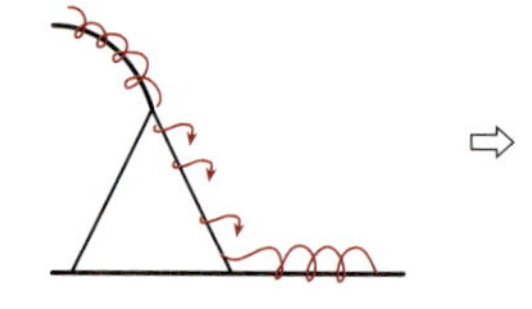

スカラップを作って
３つ目のリックラックへ

⇨

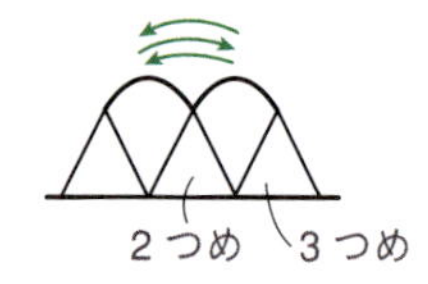

同様に３つめから
２つめに芯を渡し
途中でスカラップ上段を
作って進む

196

※材料 本体用布（目の詰まったリネン　白）
アブローダー（DMC）BLANC　#25、30

輪かくのダブルランニングステッチとボタンホールステッチは#25、縁飾りは#30

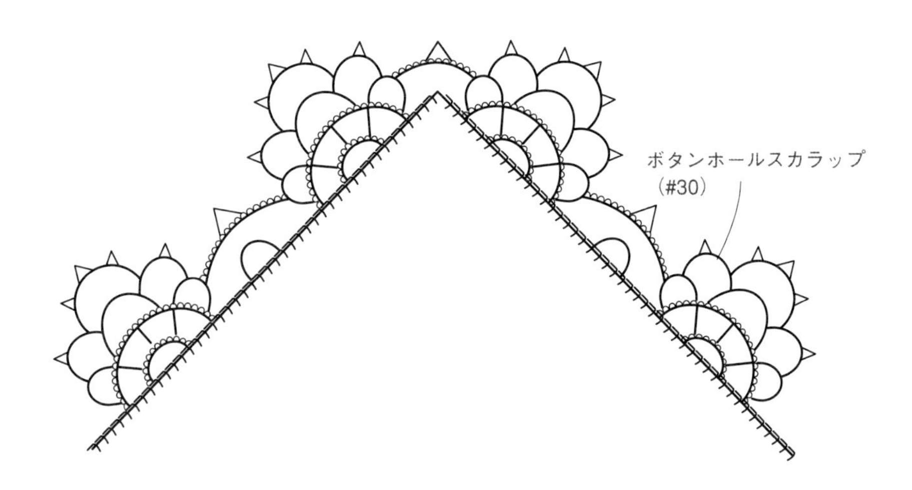

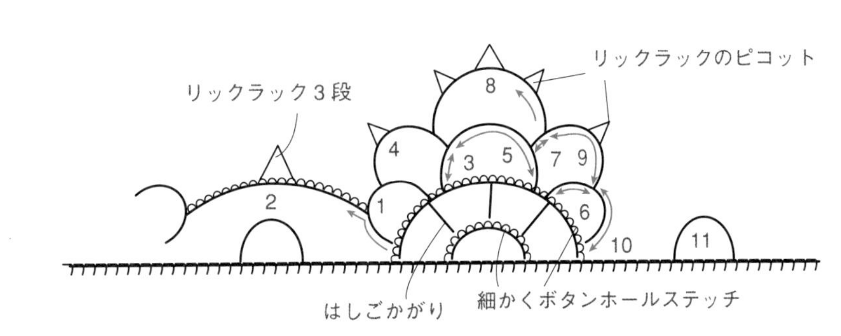

1～11 の順にボタンホールスカラップを作る
※144 ページも参照

ボタンホールスカラップの芯

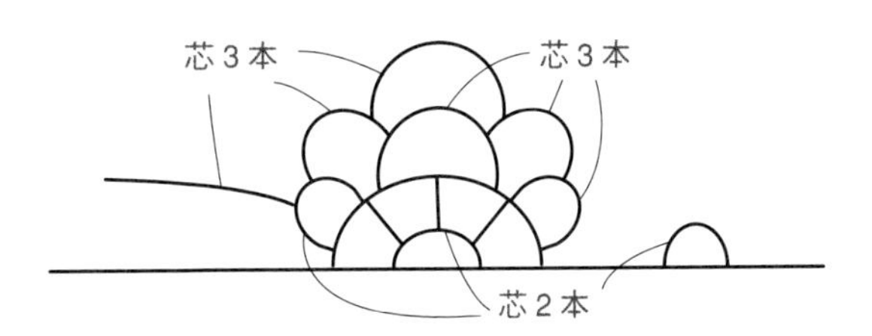

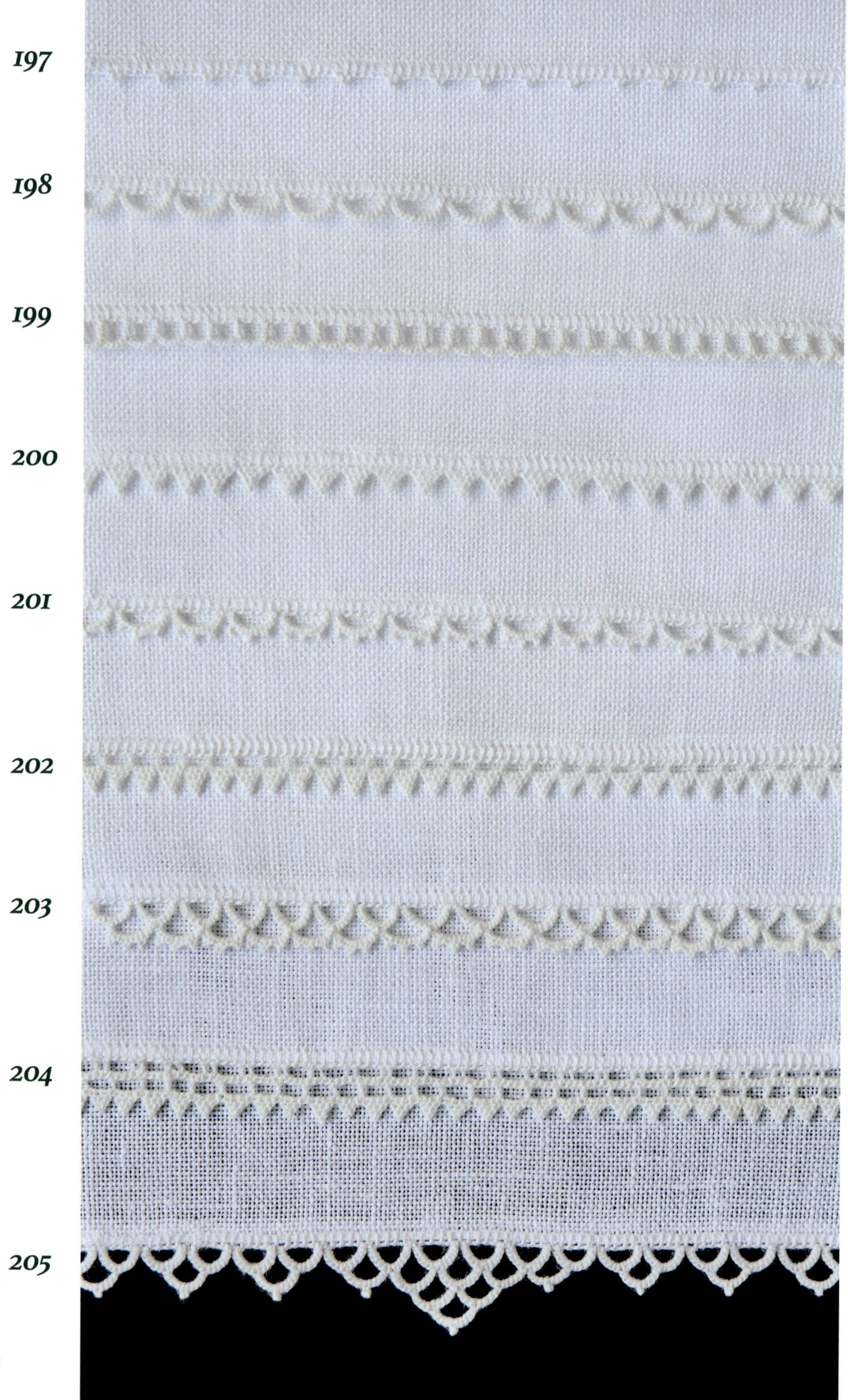

197

198

199

200

201

202

203

204

205

197~205

※材料　本体用布（14目/cmのリネン　白）
リネン糸（ボッケン）1/2-b1　40/2、50/2、60/2
ベースのダブルランニングステッチとボタンホールステッチは40/2
そのほかは図に指定

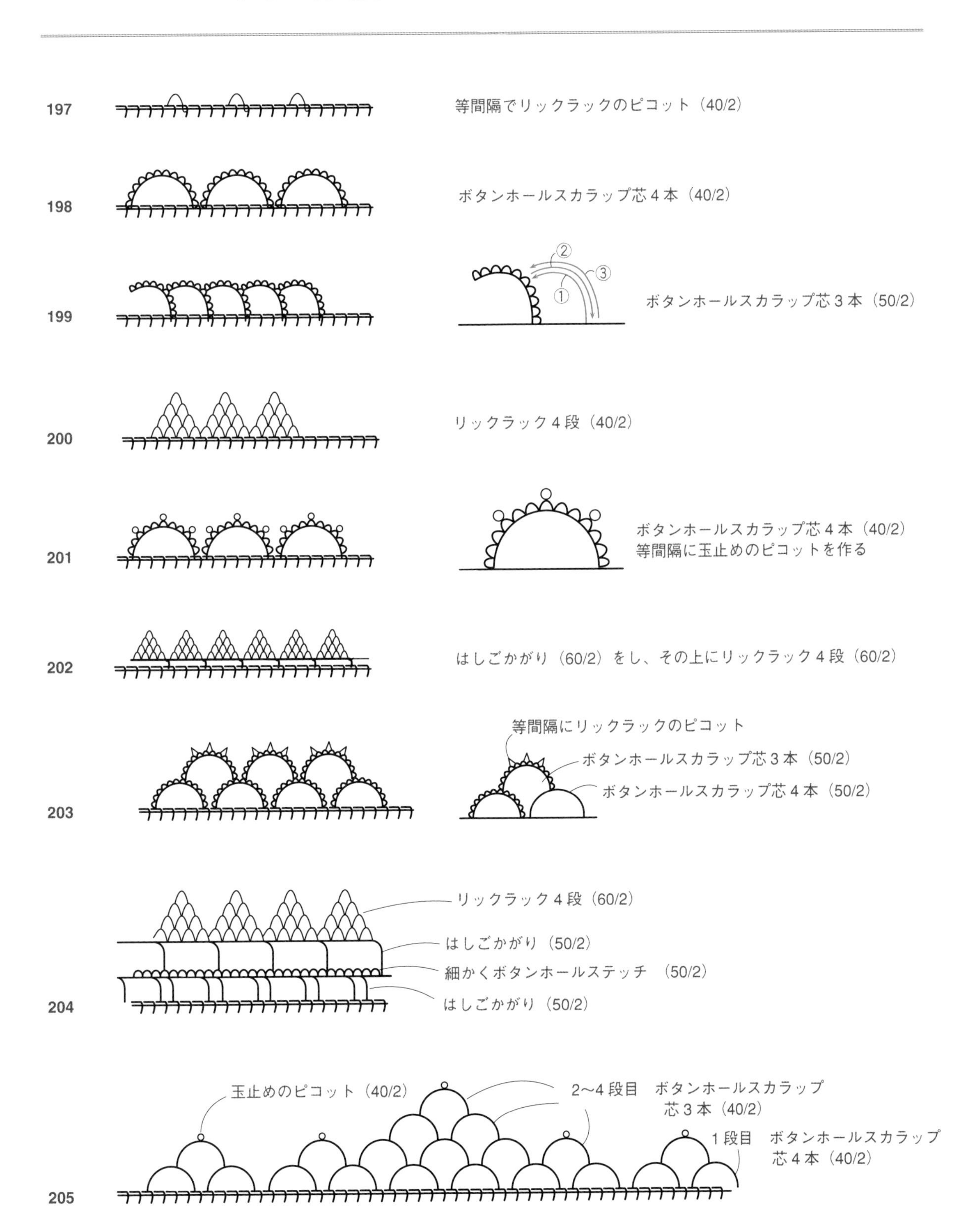

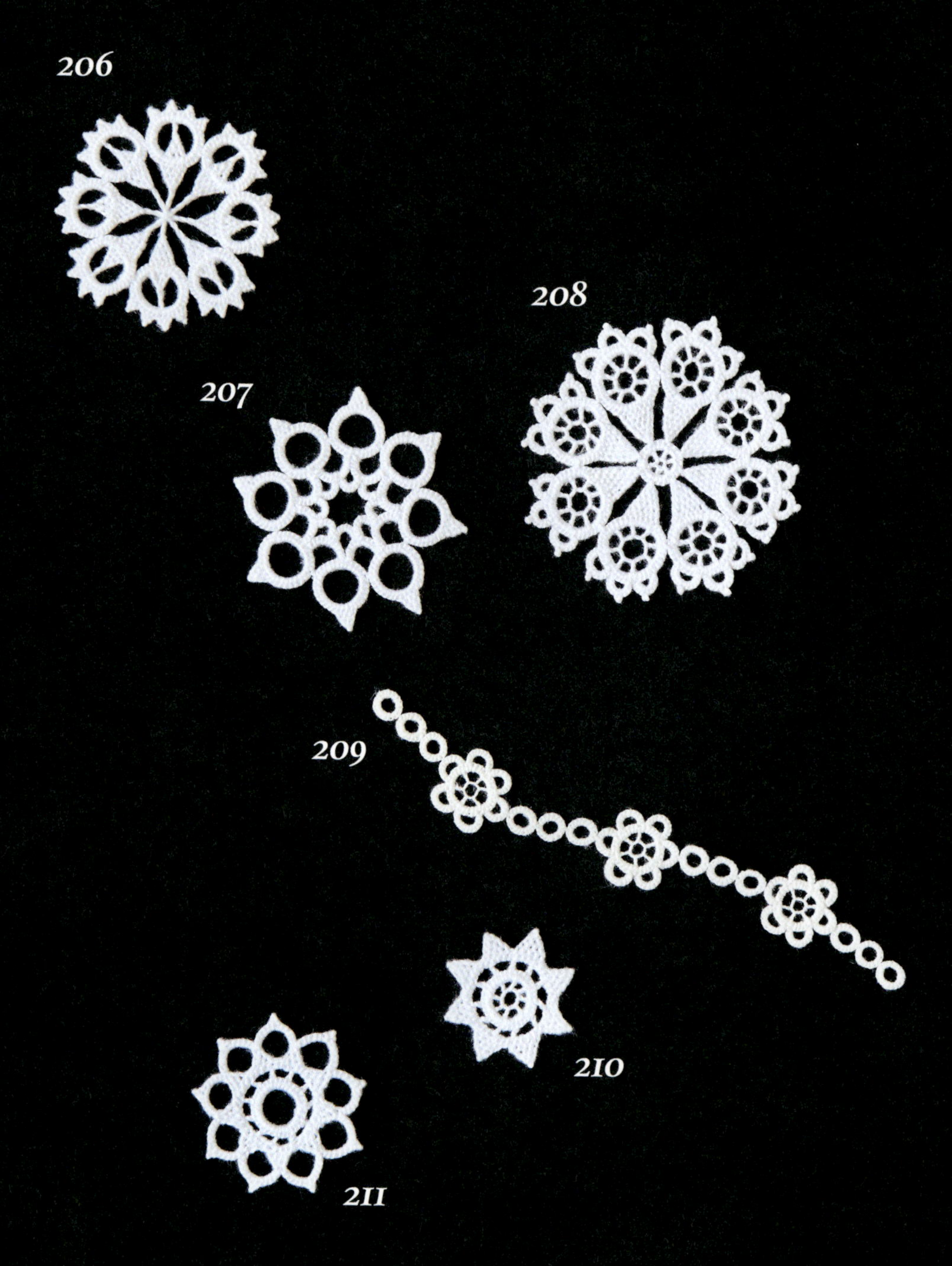
206
207
208
209
210
211

206~211

※材料　リネン糸（ボッケン）1/2-b1　50/2、60/2
アブローダー（DMC）BLANC　#20、25

糸は図に指定

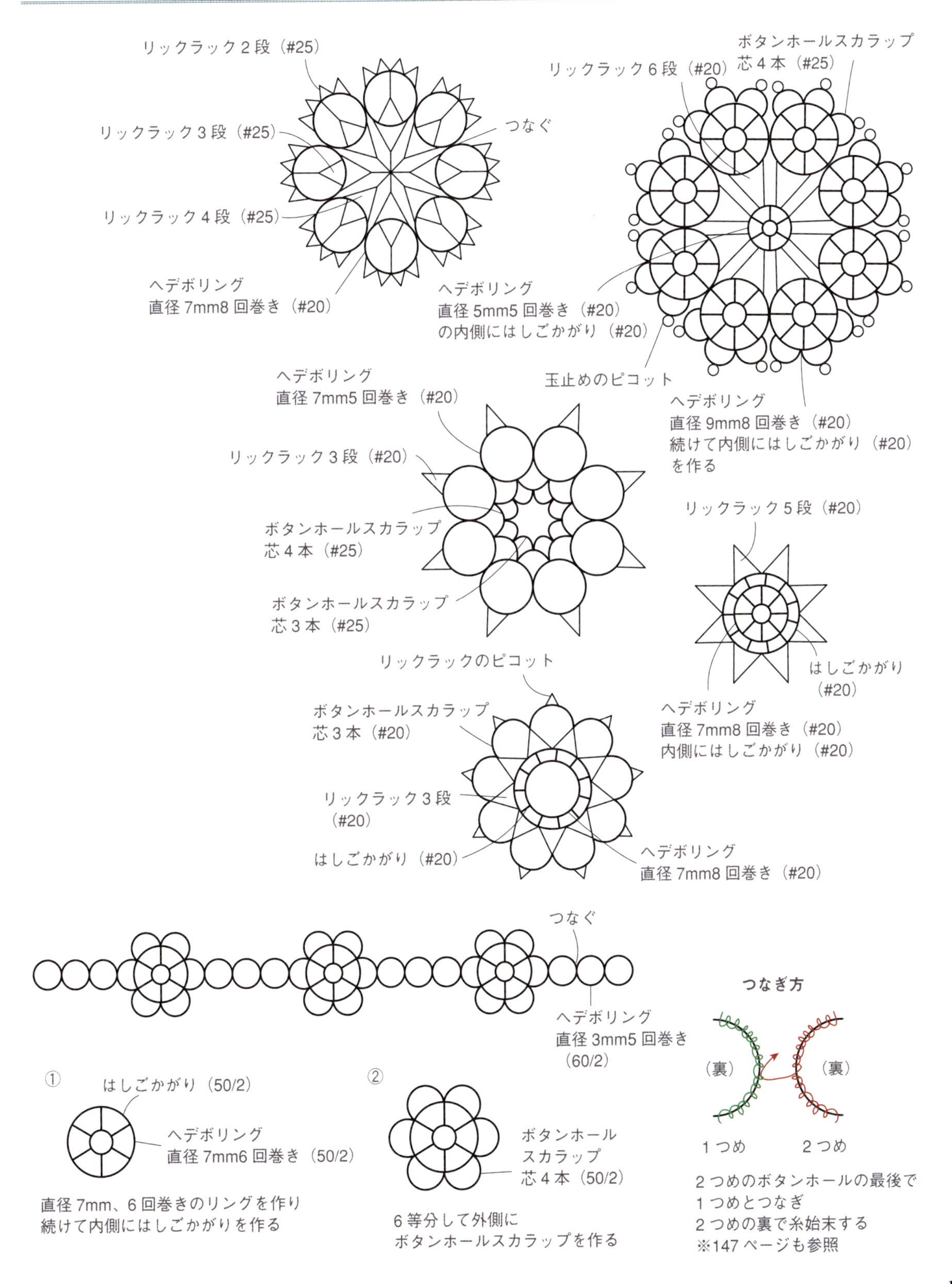

縁飾りのヘデボの刺し方

手順

1. 輪かくをダブルランニングステッチをする。
2. 輪かくに沿って布を折り、ヘデボのボタンホールステッチをする。
3. 縁に自由にステッチを刺す。

◆輪かくを刺す

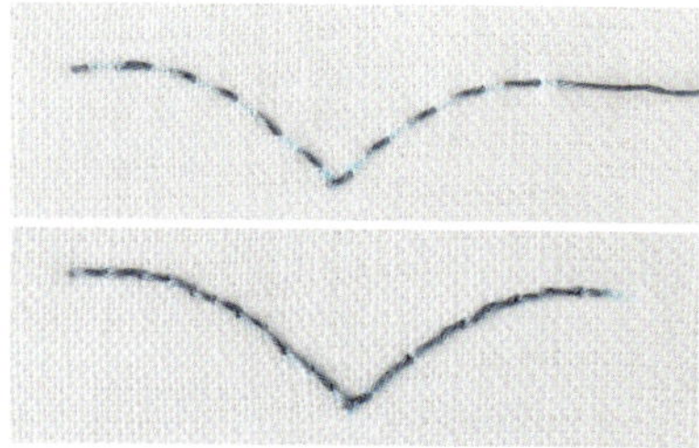

1 布に輪かくの線を描き、刺繍枠にはめて92ページを参照してダブルランニングステッチをします。

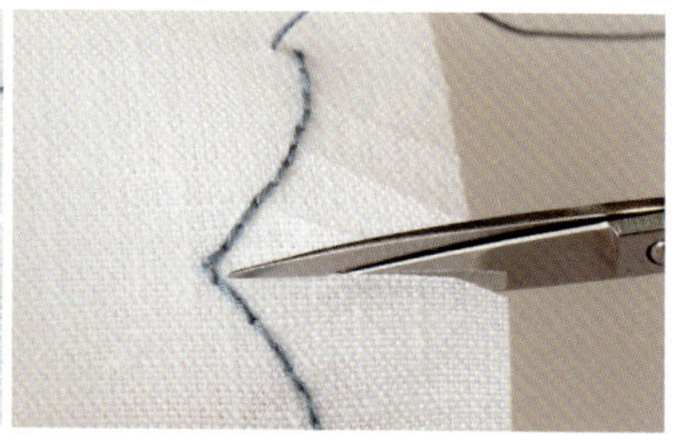

2 輪かくから上の布をステッチを境に裏に折り返します。カーブの場合は、カーブに対して直角になるように少しずつ切り込みを入れてから折り返します。

3 ダブルランニングステッチから0.2〜0.3cm内側に奥から手前に針を出し、糸を引ききらずにループにします。ループの奥から手前に針を通します。

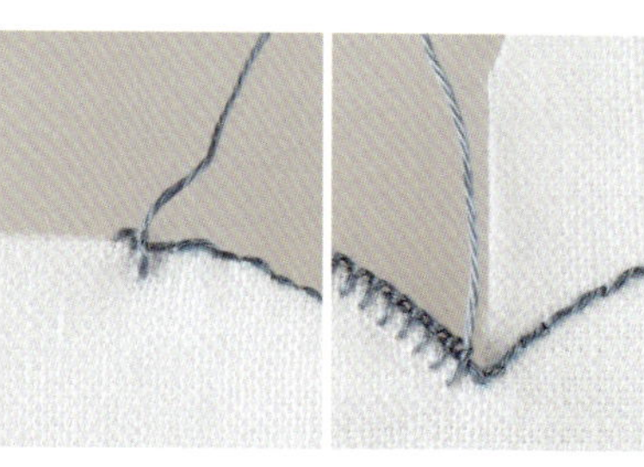

4 糸を引いてループを引き締めます。ヘデボのボタンホールステッチがひとつできました。輪かくに沿ってくり返し、へこんだ角の手前で止めます。

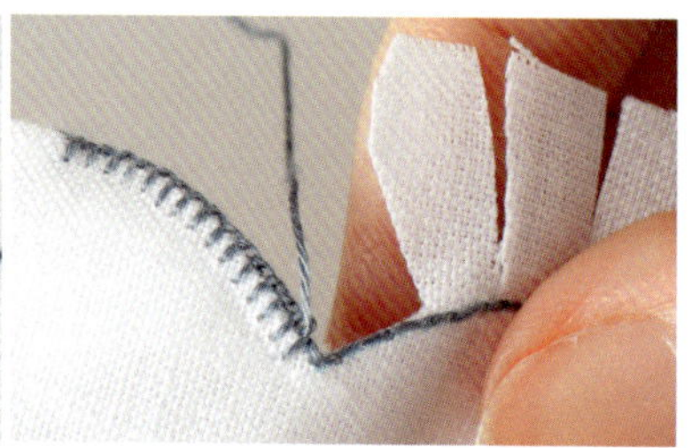

5 次の辺も同様に切り込みを入れて折り返します。

6 へこんだ角は、角に針を入れて1針ヘデボのボタンホールステッチをします。くり返して端まで刺します。

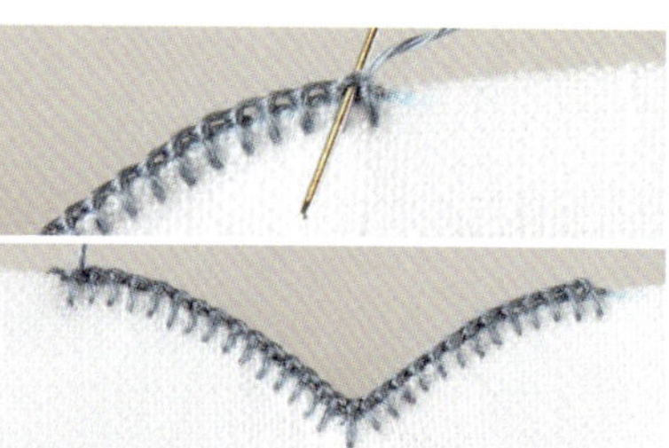

7 端まで刺したらボタンホールステッチの山をすくって折り返します。山を奥から手前に向かってすくい、糸をからげます。

8 カーブなので裏から見ると、切り込みで重なっています。

◆模様を刺す　●間をつなぐ

1 先の丸い針で刺したい位置に針を出し、反対側の奥から手前に針を通して糸を渡します。最初の位置に戻って奥から手前に針を通します。

2 95ページを参照して渡した2本の糸を芯にしてヘデボのボタンホールステッチをします。

3 これをくり返して端までステッチをします。縁に奥から手前に針を通し、ステッチの山を奥から手前に針を通します。

4 山をすくうことをくり返して刺し始めまで戻ったら1本めが完成です。縁に手前から奥に針を入れ、2目先に針を出します。

5 1本めに奥から手前に針を通してループを作り、ループに奥から手前に針を通して糸を引きます。引ききらずに2目分の高さを残します。これをくり返して端まで刺します。

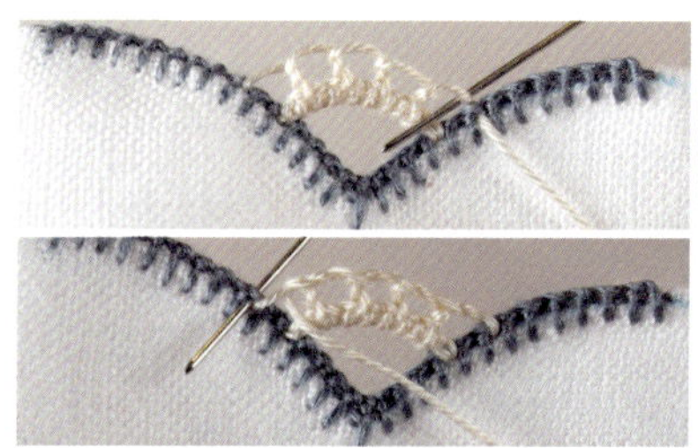

6 ステッチの山を奥から手前に針を通し、糸をからげて1山ずつ戻ります。

7 端まで戻ったら1つ上の縁に針を奥から手前に通し、ステッチの山に奥から手前に針を通してループを作ります。ループに奥から手前に針を通して引き締めます。

8 このボタンホールステッチを端までくり返せば完成です。糸を芯にしたボタンホールステッチ、はしごかがり、細かくボタンホールステッチの順です。

●ピコット　玉止めタイプ

1 縁にへデボのボタンホールスカラップを作ります。半分までボタンホールステッチを刺したら芯に針を重ね、針に糸を2回巻きつけて針を引き抜きます。

2 中心に玉止めができました。玉止めの下のボタンホールステッチに手前から奥に針を通します。

3 残り半分の芯にボタンホールスカラップを刺します。これでピコットのあるボタンホールスカラップができました。

●ピコット　リックラックタイプ

1 縁にへデボのボタンホールスカラップを作ります。半分より1目多くボタンホールステッチを刺し、1目戻って奥から手前に針を通します。

2 糸を引ききらずにループにして、ループに奥から手前に針を通して糸を引き締めます。これで1段のリックラックができました。

3 リックラックの横に針を通してかがり、残り半分の芯にボタンホールスカラップを刺します。これでリックラックのあるボタンホールスカラップができました。

●山をつなぐ

I 2つのリックラックの間をつないで3段の飾りにします。2つめのリックラックの糸を切らずにひとつめのリックラックの頂点に針を通して糸を渡します。2つの間に3本糸を渡します。

2 94ページを参照して、3本の糸を芯にしたヘデボのボタンホールステッチをします。リックラックの横に糸をからげながら下まで戻ります。

3 1目隣の縁に奥から手前に針を入れて、同じリックラックを作ります。

4 3つめのリックラックができました。

5 同様にして2つめと3つめのリックラックに糸を渡して、ボタンホールステッチを刺します。

6 半分まで刺したら針を止めます。

7 ひとつめのボタンホールスカラップの中心に奥から手前に針を通します。

8 3本の芯を作ってボタンホールステッチをします。

9 端まで刺したら2段めの残りのボタンホールステッチをします。

IO 3つめのリックラックの横を順番に下までかがります。

II 完成です。

● ヘデボリング

1 ヘデボスティックに糸を4回巻きます。

2 糸とスティックの間に針を入れて通し、糸を引ききらずにループにしてループに奥から手前に針を通します。

3 糸を引き締め、スティックから糸をはずします。ヘデボのボタンホールステッチがひとつできた状態です。

4 続けて糸を芯にして、時計回りにボタンホールステッチでくるみます。

5 最後の3目くらいで、最初の糸を後ろに沿わせて一緒にボタンホールステッチでくるみます。

6 1周したら最初の山に奥から手前に針を通します。最初の余分な糸はカットします。

● ヘデボリングをつなぐ

1 糸を切らずに残しておき、隣になるリングの山に針を通します。

2 最初のリングに戻ってくるんでいる足に針を通します。

3 縁につける場合は、縁側にボタンホールステッチをして山をすくっている途中でリングに針を通してつなぎます。

4 リングの山をすくい、縁の山に戻って糸を引き締めます。

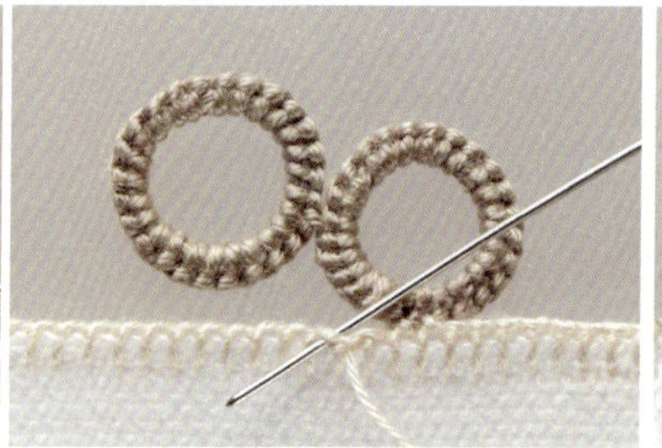

5 ひとつのリングにつき2か所を止め、縁の山をすくいながら次のリングまで進みます。同様に次のリングも2か所すくって止めます。

6 これで完成です。

ヘデボ作品

まずは小さくて作りやすい実用品から始めてみてください。図案部分を他の図案に変えたりアレンジしてもすてきです。

9cm角のバルデュリングコースター。バルデュリングは四角がベースになるので、コースターの形も正方形にして規則正しい美しさを出しました。

How to make >> P.162

バルデュリングのクロス。148ページのコースターとお揃いで使えます。中心のクロスは数が多いので刺すのが大変ですが、ぜひチャレンジして欲しい1枚です。

How to make >> P.164

ヘデボのピンクション2種類。透かし模様なので中に布を1枚入れて、その上にヘデボ刺繍をかぶせます。実用品として使えますが、飾っておくためのピンクッションとしておすすめです。

How to make >> P.166

縁飾りだけのシンプルなケース。
布を段々にたたみ、縁飾りを3つ
刺しました。糸やヘデボスティッ
クなどのお道具入れとして。

How to make >> P.168

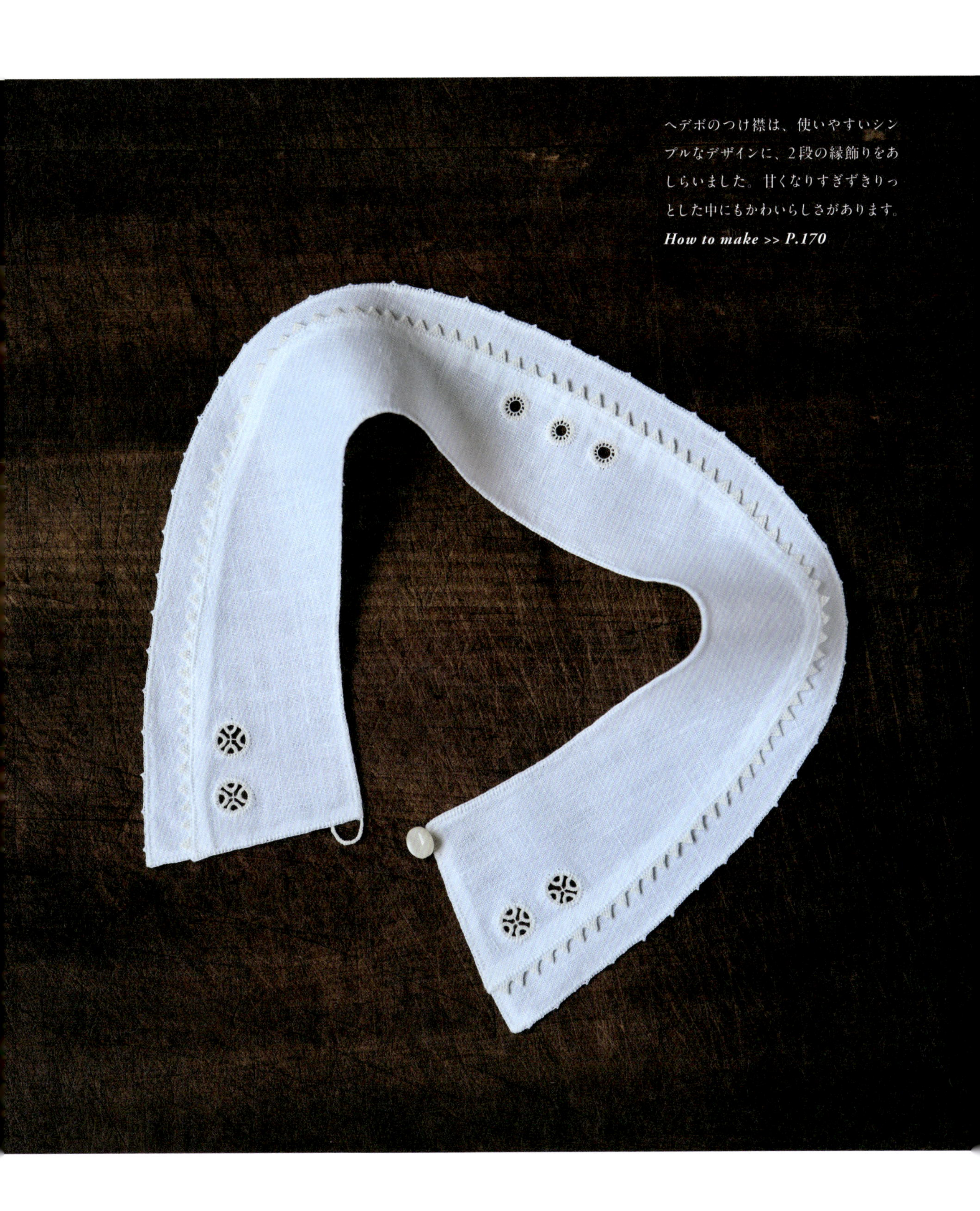

ヘデボのつけ襟は、使いやすいシンプルなデザインに、2段の縁飾りをあしらいました。甘くなりすぎずきりっとした中にもかわいらしさがあります。

How to make >> P.170

DUMAS
Le

ヴィズスムのデザインの栞。栞のひももヘデボリングで作ります。本やノートを開くたびに嬉しくなるもののひとつです。

How to make >> P.172

市販のハンカチに刺せば、特別な一枚になります。モチーフひとつでも目立つので、まずは小さな丸のデザインから始めてみても。周囲に縁飾りをつけることもできます。

How to make >> P.173

How to make

作品の作り方

- 148ページからの作品の作り方と68ページからのイニシャルの図案のつづきです。
- 図案は実物大で掲載しています。つけ襟は縮小して掲載していますので指定の数字に拡大してご使用ください。
- 刺繍糸はDMCのアブローダーかボッケンのリネン糸を使用しています。どちらで刺しても大丈夫です。
- 図中の数字の単位はcmです。
- 構成図や図案の寸法には、特に表示のない限り縫い代を含みません。1cmを目安に縫い代をつけてください。裁ち切りと表示のある場合は縫い代をつけずに布を裁ちます。
- 布などの用尺は少し余裕をもたせています。刺繍布の場合は、刺繍枠がはめられるサイズを用意してください。
- 作品の出来上がりは、図の寸法と多少の差が出ることがあります。

p.148　コースター

出来上がり寸法　9×9cm

※材料

（共通）
刺繍布（14目/cmのリネン　白）15×15cm
リネン糸（ボッケン）4/4-bl　40/2、50/2、60/2、90/2（抜いた糸を押さえる用　25番刺繍糸BLANCでも可）

※作り方のポイント

・バルデュリングは124ページ、縁飾りは95ページ、144ページを参照する。

※作り方

①内側に刺繍をする。
②周囲を縁飾りの要領で裏に折り込み、ボタンホールステッチをする。
③縁飾りをする。

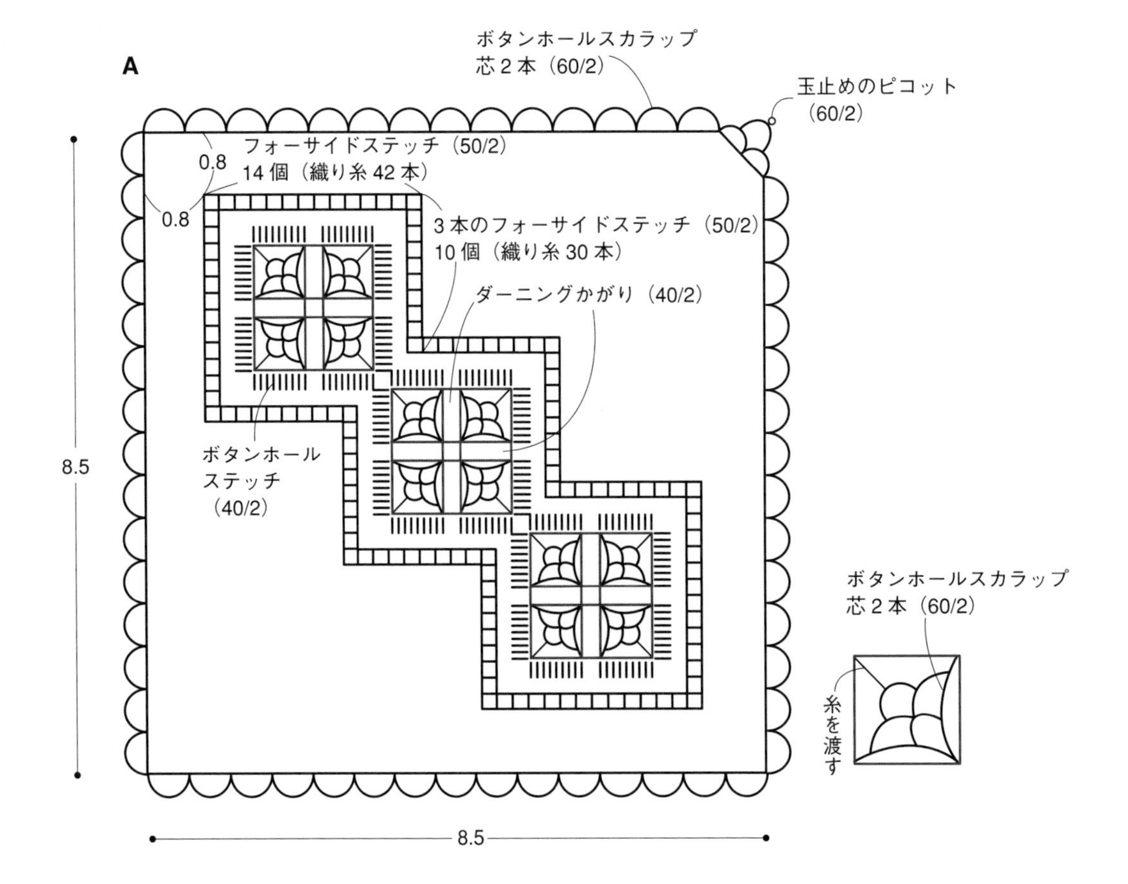

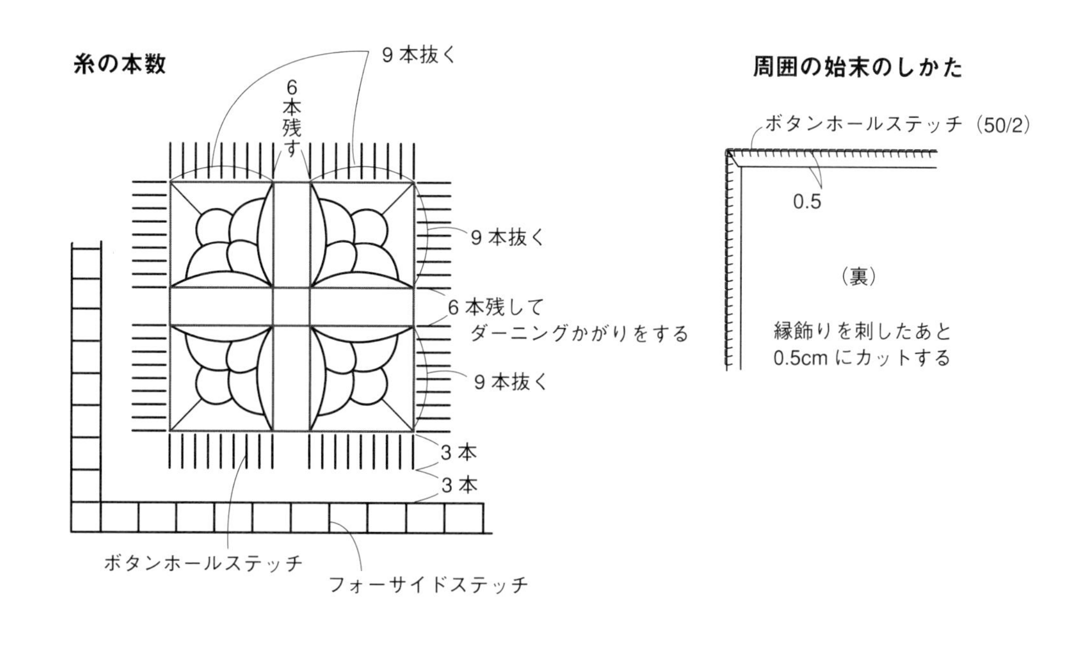
糸の本数
9本抜く
6本残す
9本抜く
6本残して
ダーニングかがりをする
9本抜く
3本
3本
ボタンホールステッチ
フォーサイドステッチ
周囲の始末のしかた
ボタンホールステッチ（50/2）
0.5
（裏）
縁飾りを刺したあと
0.5cmにカットする

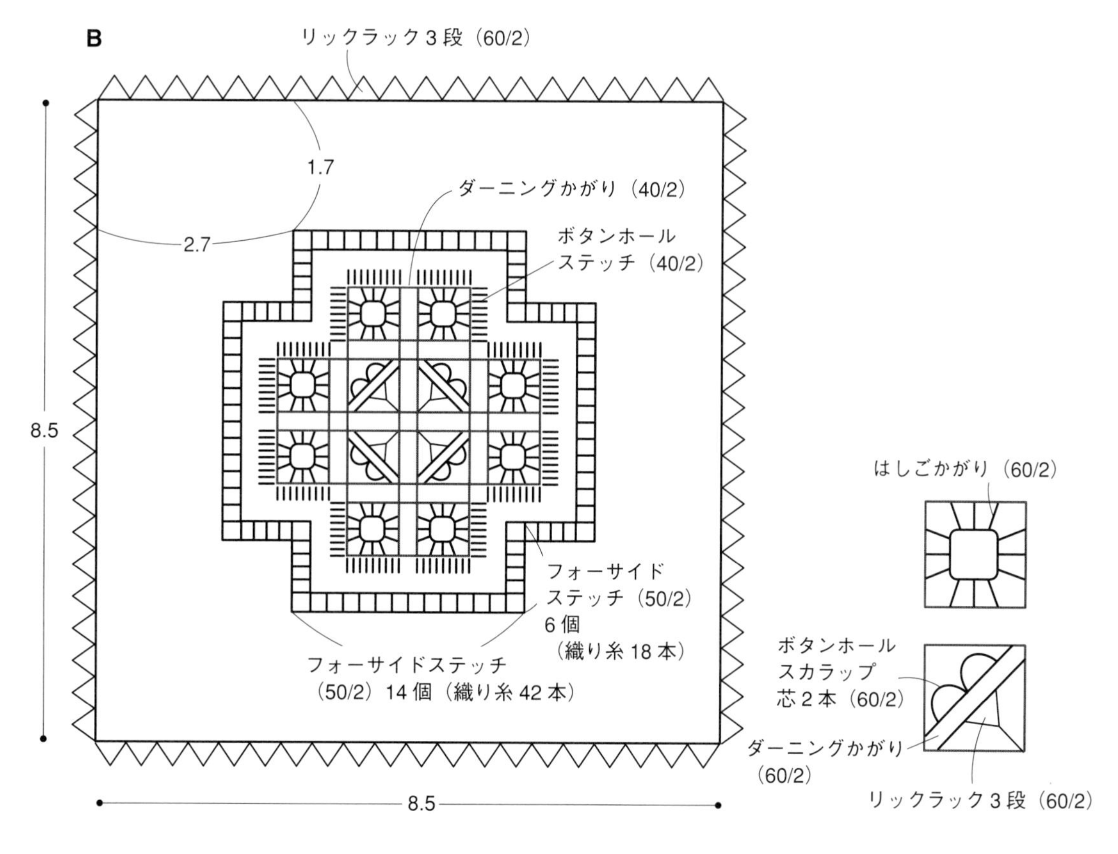
B
リックラック3段（60/2）
1.7
2.7
ダーニングかがり（40/2）
ボタンホール
ステッチ（40/2）
8.5
フォーサイド
ステッチ（50/2）
6個
（織り糸18本）
フォーサイドステッチ
（50/2）14個（織り糸42本）
8.5
はしごかがり（60/2）
ボタンホール
スカラップ
芯2本（60/2）
ダーニングかがり
（60/2）
リックラック3段（60/2）

p.150 クロス

出来上がり寸法　20.5×20.5cm

※材料

刺繍布(14目/cmのリネン　白) 35×35cm
リネン糸(ボッケン) 4/4-bl　40/2、50/2、60/2、90/2(抜いた糸を押さえる用　25番刺繍糸BLANCでも可)

※作り方のポイント

・バルデュリングは124ページ、縁飾りは96ページ、144ページを参照する。

※作り方

①内側に刺繍をする。
②周囲を縁飾りの要領で裏に折り込み、ボタンホールステッチをする。
③縁飾りをする。

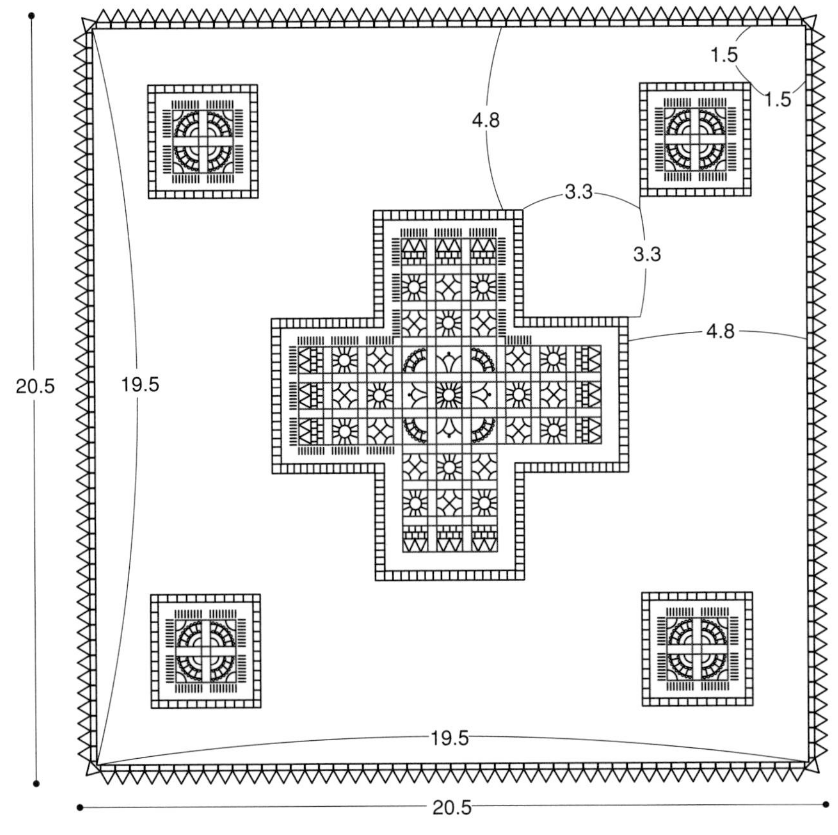

周囲の始末のしかた

ボタンホールステッチ
(50/2)
0.5
(裏)
縁飾りをしたあと
0.5cmにカットする

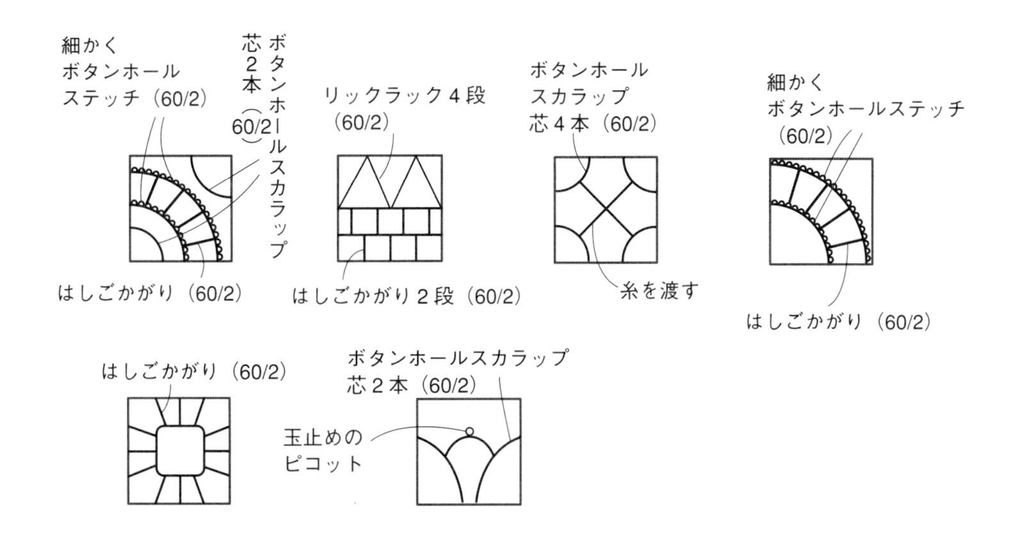
細かく
ボタンホール
ステッチ（60/2）
ボタンホールスカラップ
芯2本（60/2）
リックラック４段
（60/2）
ボタンホール
スカラップ
芯４本（60/2）
細かく
ボタンホールステッチ
（60/2）
はしごかがり（60/2）
はしごかがり２段（60/2）
糸を渡す
はしごかがり（60/2）
はしごかがり（60/2）
ボタンホールスカラップ
芯２本（60/2）
玉止めの
ピコット

実物大図案

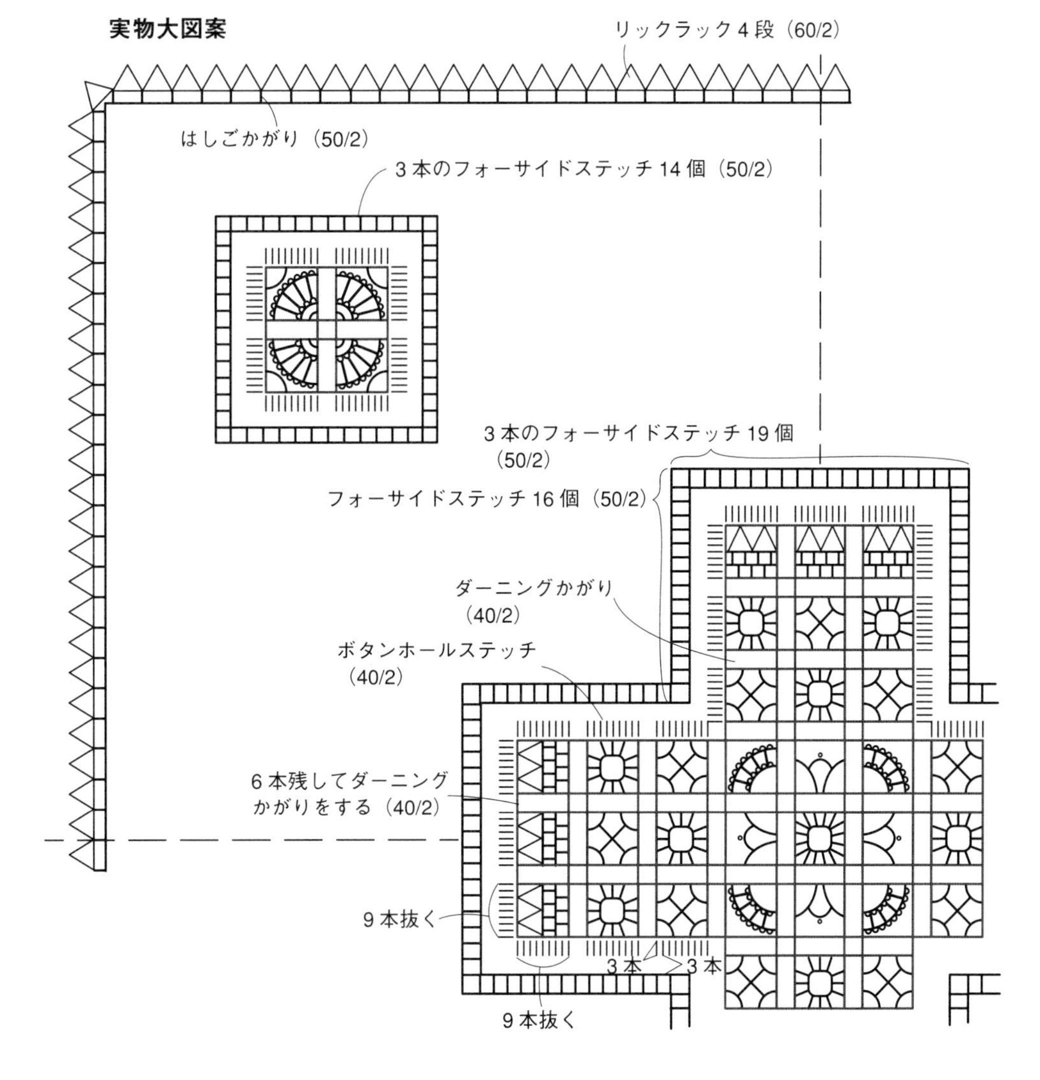
リックラック４段（60/2）
はしごかがり（50/2）
３本のフォーサイドステッチ 14 個（50/2）
３本のフォーサイドステッチ 19 個
（50/2）
フォーサイドステッチ 16 個（50/2）
ダーニングかがり
（40/2）
ボタンホールステッチ
（40/2）
６本残してダーニング
かがりをする（40/2）
９本抜く
３本
３本
９本抜く

p.152 ピンクッション

出来上がり寸法　直径4cm（入れ物に合わせる）

※材料

（共通）
刺繍布（目の詰まったリネン　白）15×15cm
内布（土台布）A10×10cm、B15×15cm
リネン糸（ボッケン）1/2-bl　50/2、60/2
手芸綿適宜
好みの入れ物（エッグスタンド）1個

※作り方のポイント

・カットのヘデボは92ページ、縁飾りは144ページを参照する。
・輪かくのダブルランニングステッチとヘデボのボタンホールステッチは50/2の糸で刺す。

※作り方

A

①内側に刺繍をする。
②刺繍の周囲にボタンホールスカラップを作り、余分な布をカットする。
③刺繍布に内布を重ねて周囲をぐし縫いし、綿を詰めて引き絞る。
④エッグスタンドに入れる。

B

①内側に刺繍をする。
②土台を作る。
③刺繍の周囲に縁飾りをする。
④土台に刺繍を重ねて、数か所縫い止める。

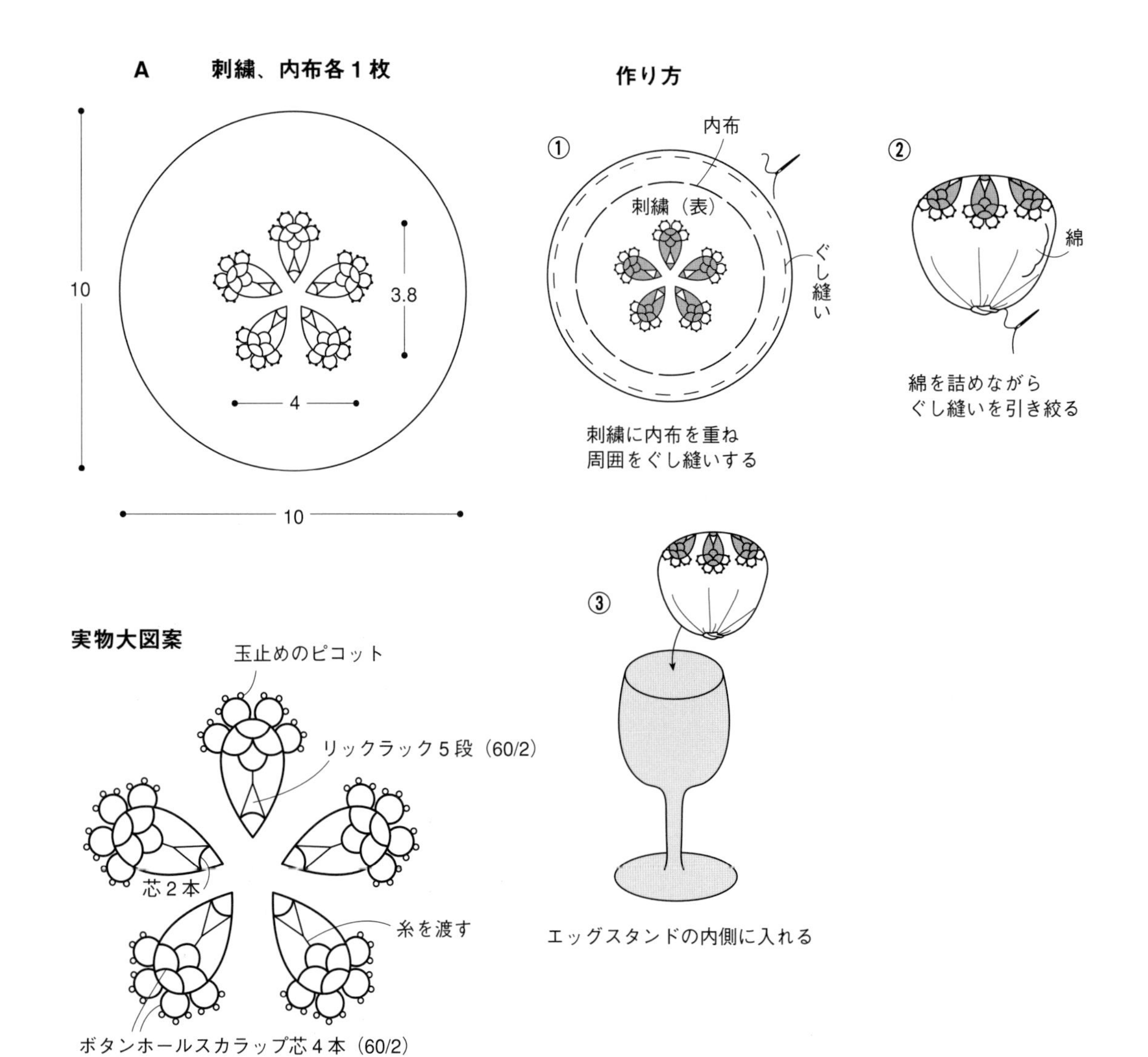

B　刺繍1枚

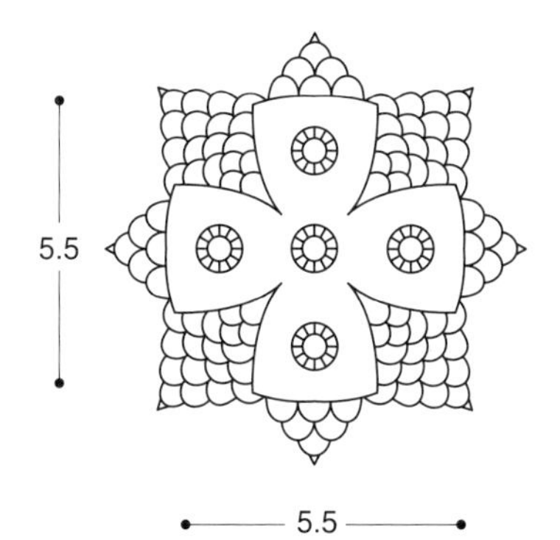

土台の作り方

①

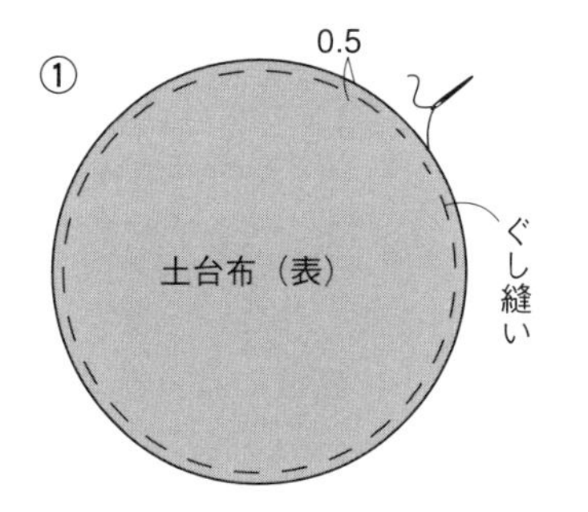

周囲をぐし縫いする

②

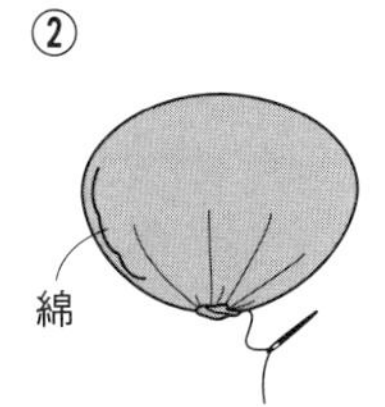

綿を詰めながら
ぐし縫いを引き絞る

土台布1枚

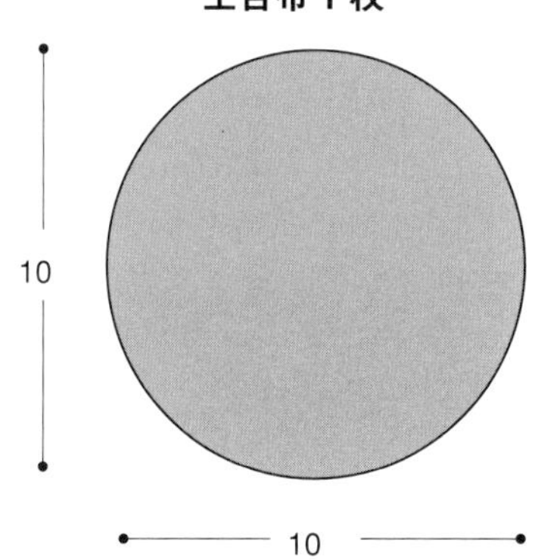

作り方

①

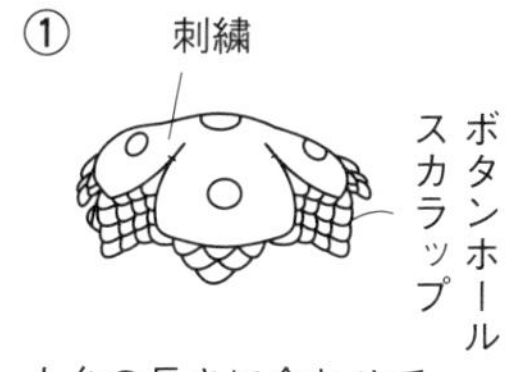

土台の長さに合わせて
ボタンホールスカラップ
をする

②

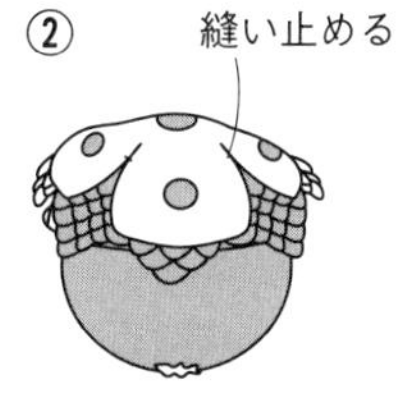

土台に刺繍を
重ねて数か所を
縫い止める

③

エッグスタンドの
内側に入れる

実物大図案

リックラックの
ピコット

ボタンホールスカラップ芯2本（60/2）

はしごかがり（60/2）

p.154　ケース

出来上がり寸法　10.5×16cm

※材料

幅16cmリネンテープ40cm
リネン糸(ボッケン) 1/2-bl　40/2、50/2、90/2(25番刺繍糸BLANCでも可)

※作り方のポイント

・縁飾りは95ページ、144ページを参照する。
・両脇のフォーサイドステッチはリネンテープの耳の内側に刺し、ぐし縫いはステッチと耳の間を縫う。

※作り方

①ふたの部分をたたみ、アイロンをかける。
②ひだの先端A〜Cにボタンホールスカラップ、脇にフォーサイドステッチをする。
③ふた端の縫い代をまつり、ひだの両脇をぐし縫いする。
④ポケット口の縫い代を折ってまつり、フォーサイドステッチをする。
⑤外表に底で折り、両脇をぐし縫いをして袋にする。

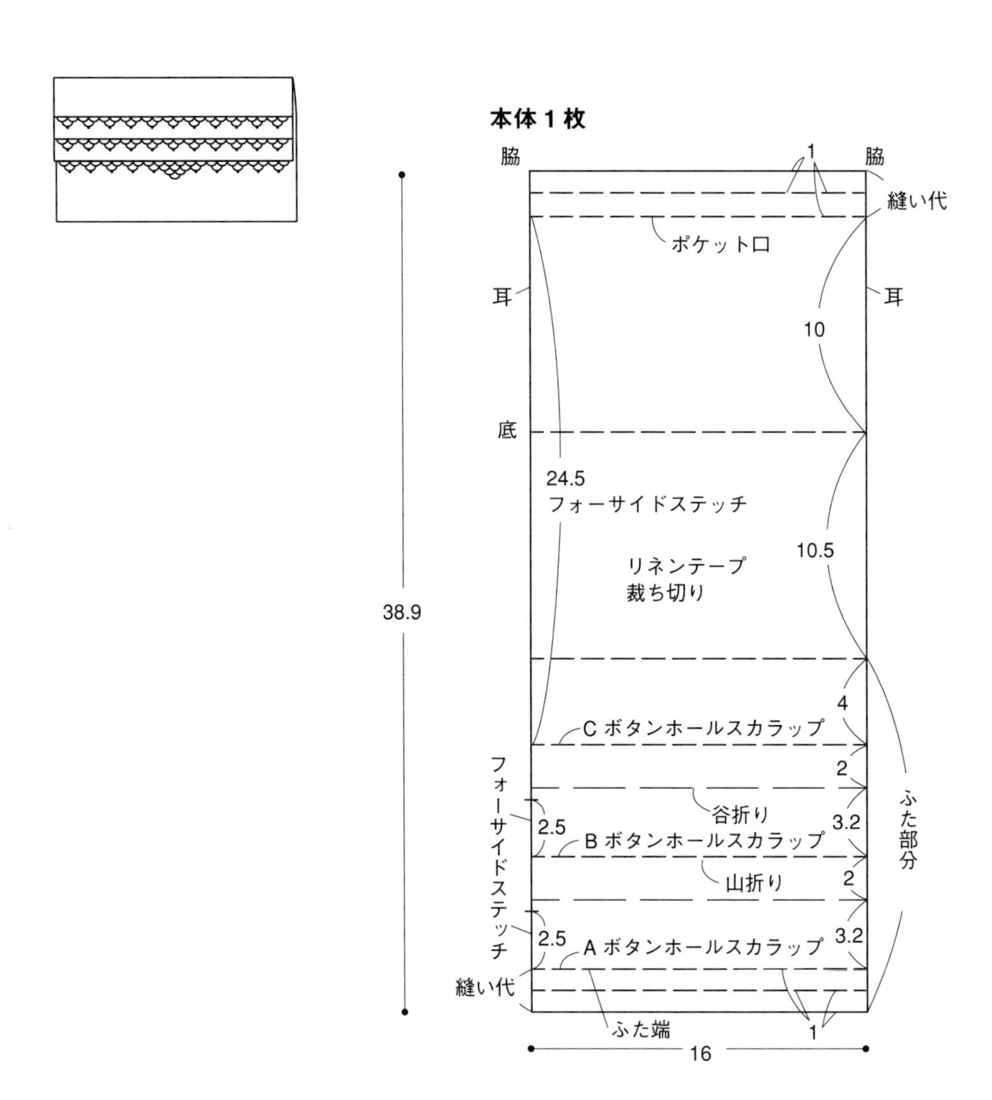

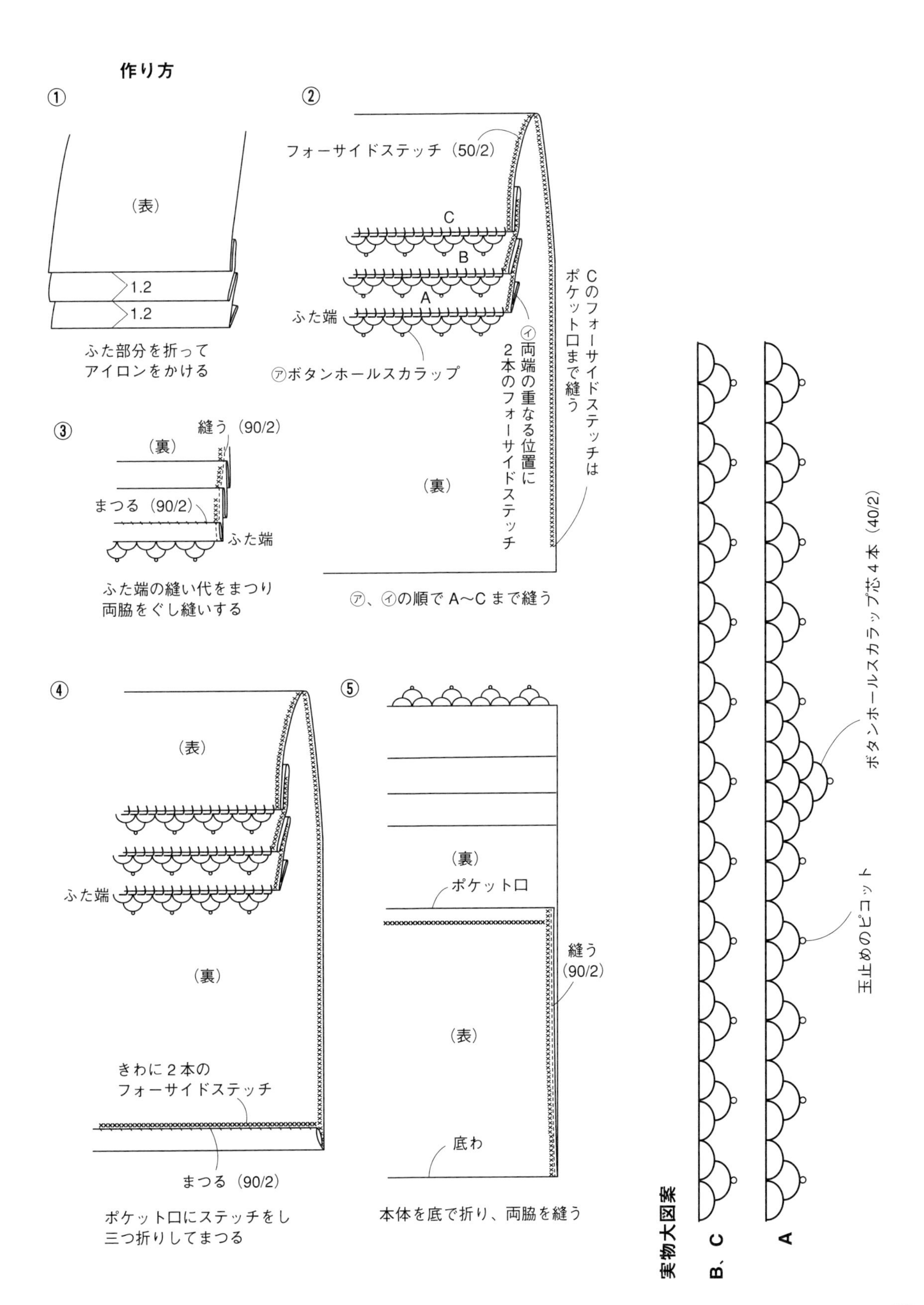
作り方
①
（表）
1.2
1.2
ふた部分を折って
アイロンをかける
②
フォーサイドステッチ（50/2）
C
B
A
ふた端
㋐ボタンホールスカラップ
㋑両端の重なる位置に
2本のフォーサイドステッチ
Cのフォーサイドステッチは
ポケット口まで縫う
（裏）
㋐、㋑の順でA～Cまで縫う
③
縫う（90/2）
（裏）
まつる（90/2）
ふた端
ふた端の縫い代をまつり
両脇をぐし縫いする
④
（表）
ふた端
（裏）
きわに2本の
フォーサイドステッチ
まつる（90/2）
ポケット口にステッチをし
三つ折りしてまつる
⑤
（裏）
ポケット口
縫う
（90/2）
（表）
底わ
本体を底で折り、両脇を縫う
実物大図案
B、C
A
ボタンホールスカラップ芯4本（40/2）
玉止めのピコット

p.156　つけ襟

出来上がり寸法　19×31cm

※材料

刺繍布(目の詰まったリネン　白)40×40cm
リネン糸(ボッケン)4/4-bl　50/2、90/2
　　　　　　　　　　1/2-bl　50/2、60/2
直径1cm足つきボタン1個

※作り方のポイント

・カットのヘデボは92ページ、縁飾りは144ページを参照する。
・輪かくのダブルランニングステッチとヘデボのボタンホールステッチは4/4-bl　50/2の糸で刺す。
・縫い代は1cmつける。

※作り方

①Aの内側に刺繍をする。
②A、Bとも周囲に1cmの縫い代をつけてカットする。
③Aのa辺にリックラックの縁飾りをする。
④Bのb辺の縫い代を表に折ってボタンホールステッチをし、余分な折り返しをカットする。
⑤BにAを重ねて縫う。
⑥Bのc辺にボタンホールステッチをしながらピコットを作る。
⑦残りの外周にボタンホールステッチをする。
⑧ループを作り、ボタンをつける。

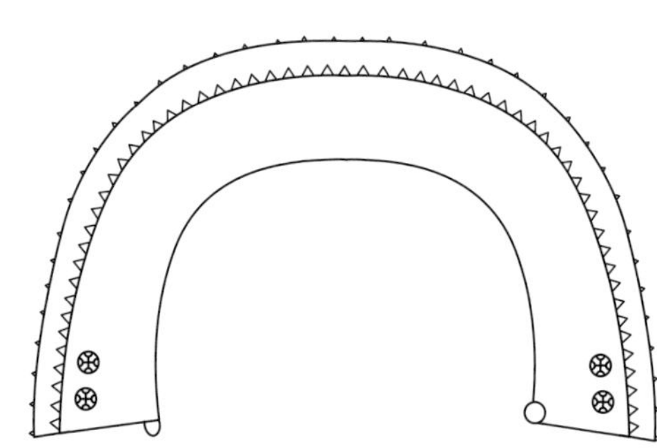

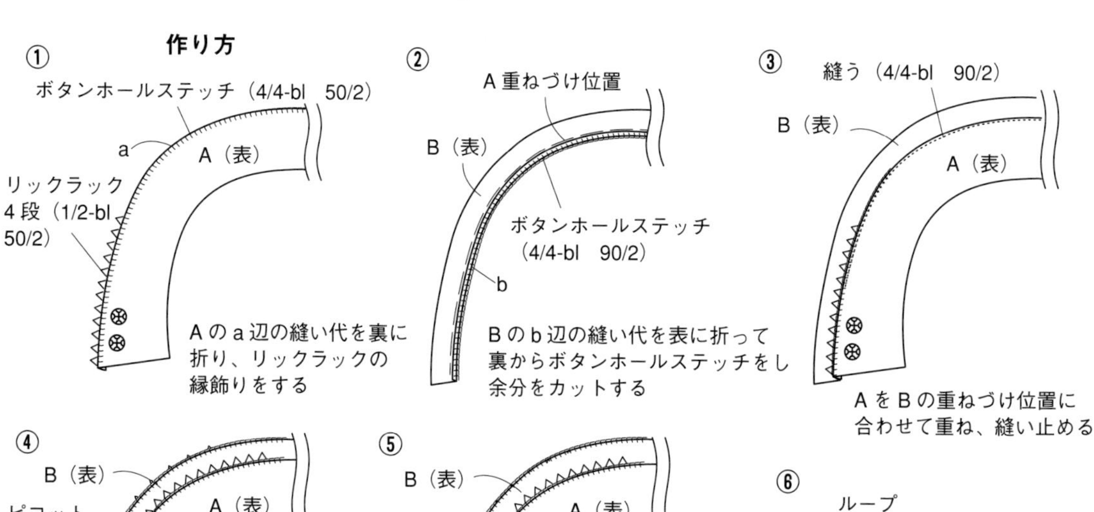

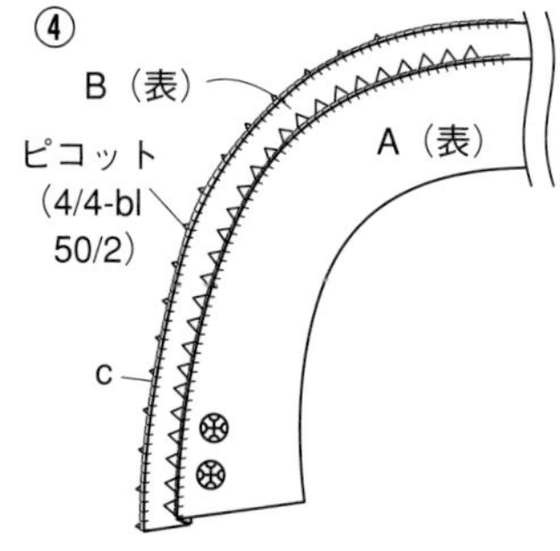

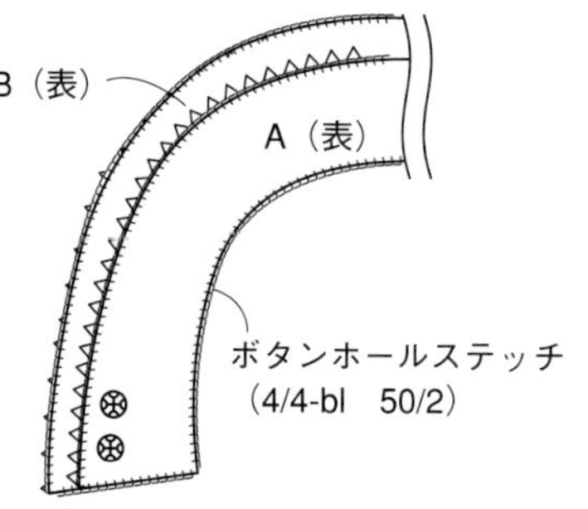

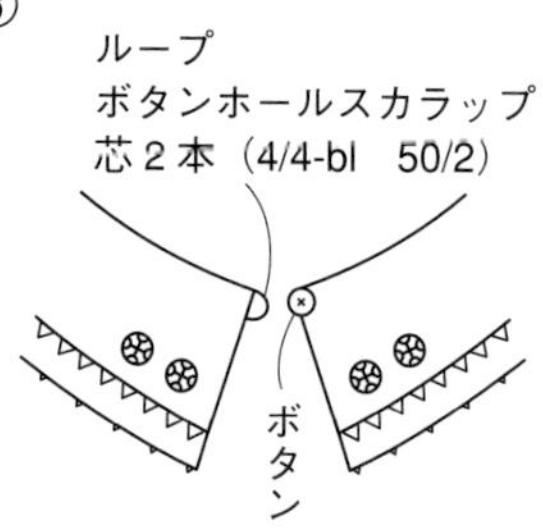

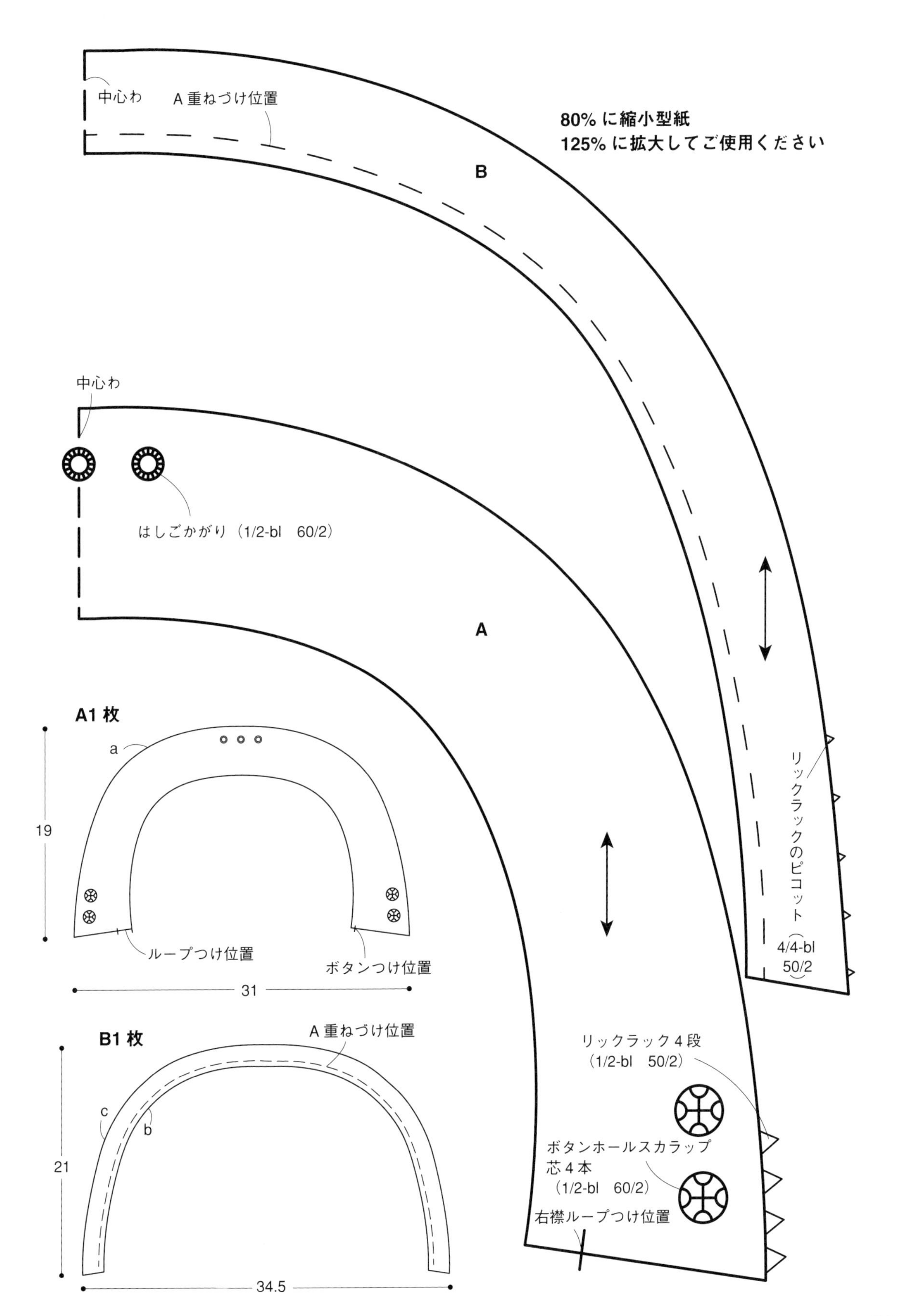

中心わ
A 重ねづけ位置
80% に縮小型紙
125% に拡大してご使用ください
B
中心わ
はしごかがり（1/2-bl 60/2）
A
A1 枚
a
19
ループつけ位置
ボタンつけ位置
31
リックラックのピコット
4/4-bl
50/2
B1 枚
A 重ねづけ位置
c
b
21
34.5
リックラック 4 段
（1/2-bl 50/2）
ボタンホールスカラップ
芯 4 本
（1/2-bl 60/2）
右襟ループつけ位置

p.158 栞

出来上がり寸法　9×6cm

※材料

刺繍布(14目/cmのリネン　白) 15×15cm
リネン糸(ボッケン) 1/2-bl　40/2、50/2、60/2

※作り方のポイント

・ヴィズスムは128ページ、縁飾りは140ページ、144ページ、ストラップは143ページを参照する。

※作り方

①内側に刺繍する。
②周囲を縁飾りの要領で裏に折り込み、ボタンホールステッチをする。
③ヘデボリングを作って下中心に縫い止め、縁飾りの刺繍をする。
④ストラップの縁飾りを作り、上中心に縫い止める。

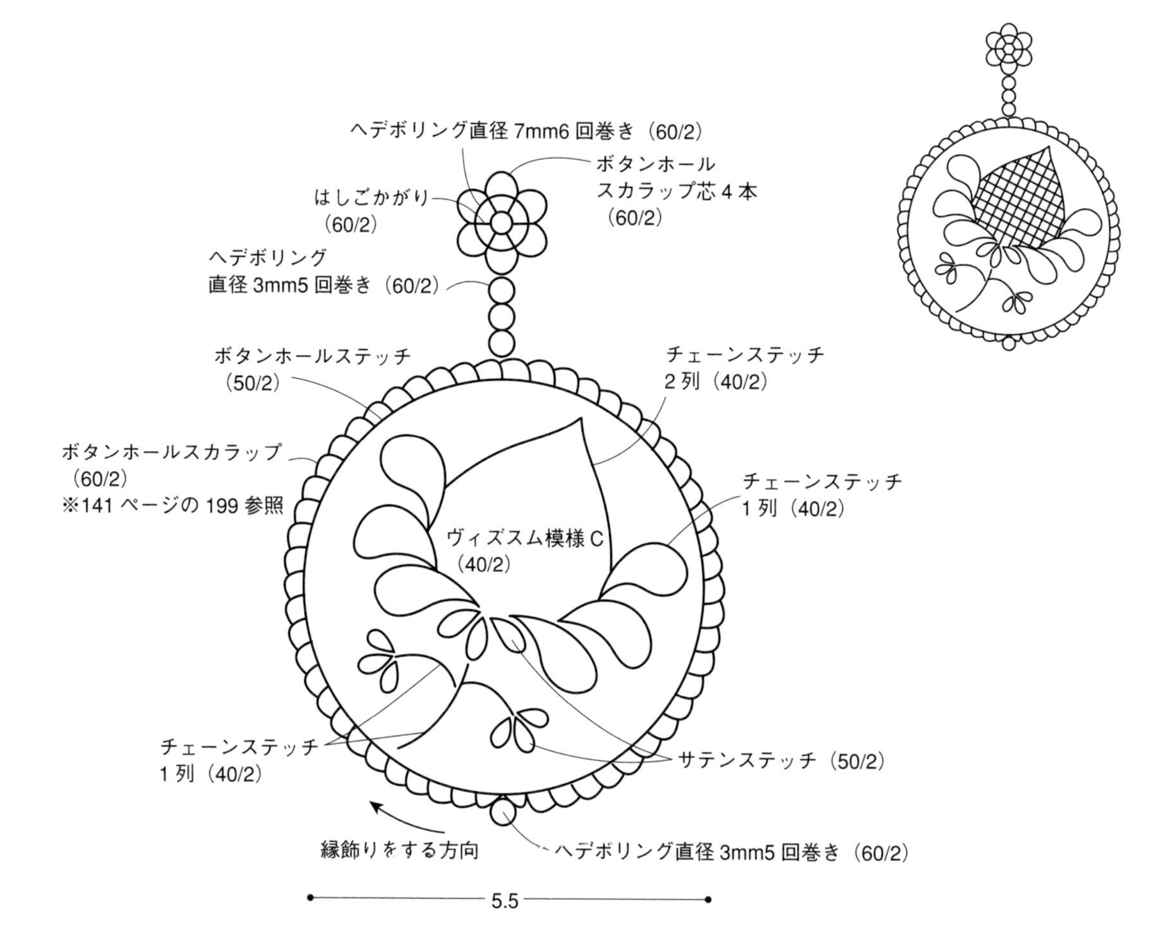

p.160 ハンカチ

出来上がり寸法　40×40cm

※材料

ハンカチ(目の詰まったリネン　白) 1枚
リネン糸(ボッケン) 4/4-bl　50/2、60/2

※作り方のポイント

・カットのヘデボは92ページを参照する。
・輪かくのダブルランニングステッチとヘデボのボタンホールステッチは50/2の糸で刺す。

※作り方

①ハンカチに刺繍をする。

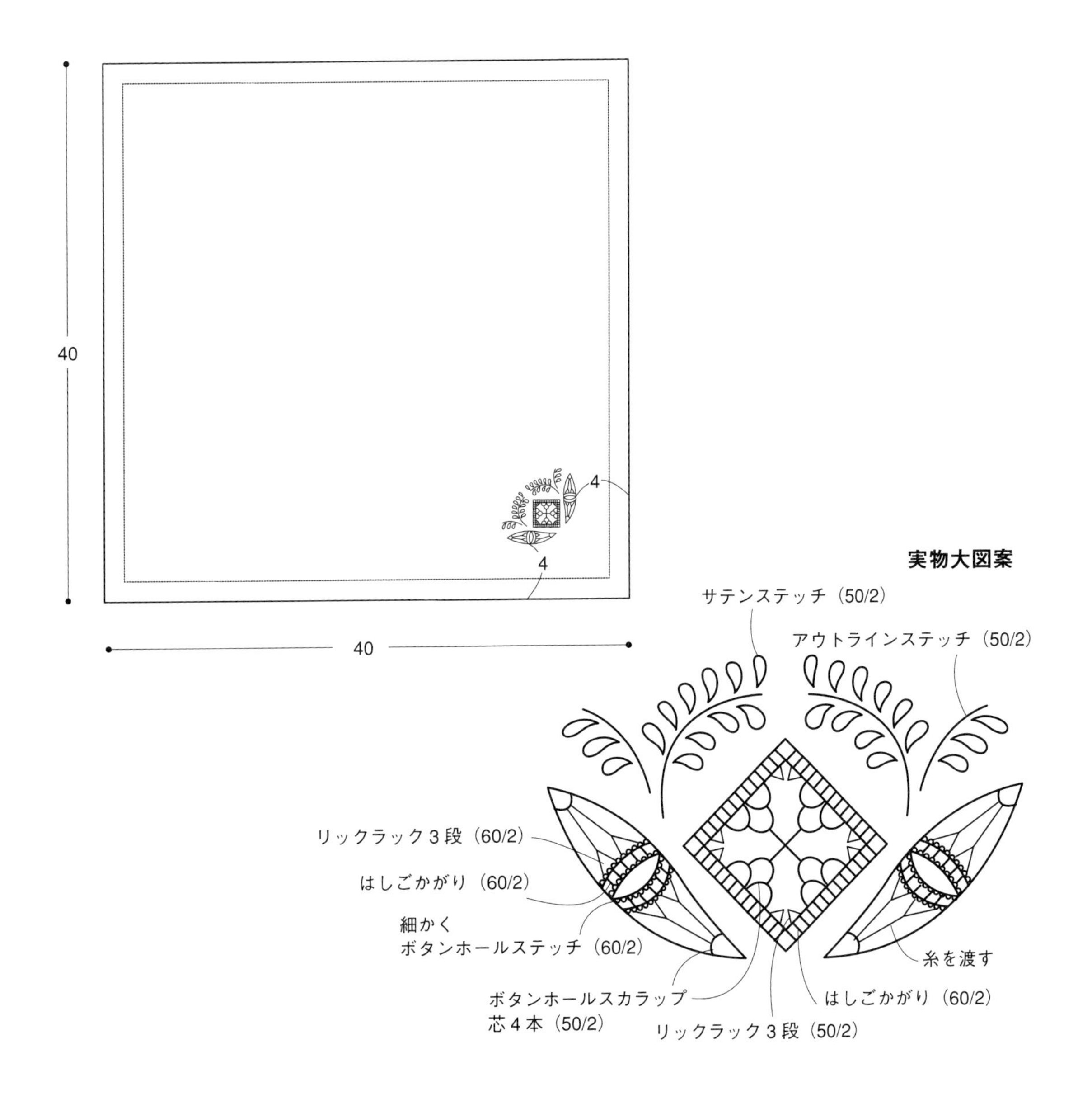

p.68 イニシャルのつづきN～Q、U～Z

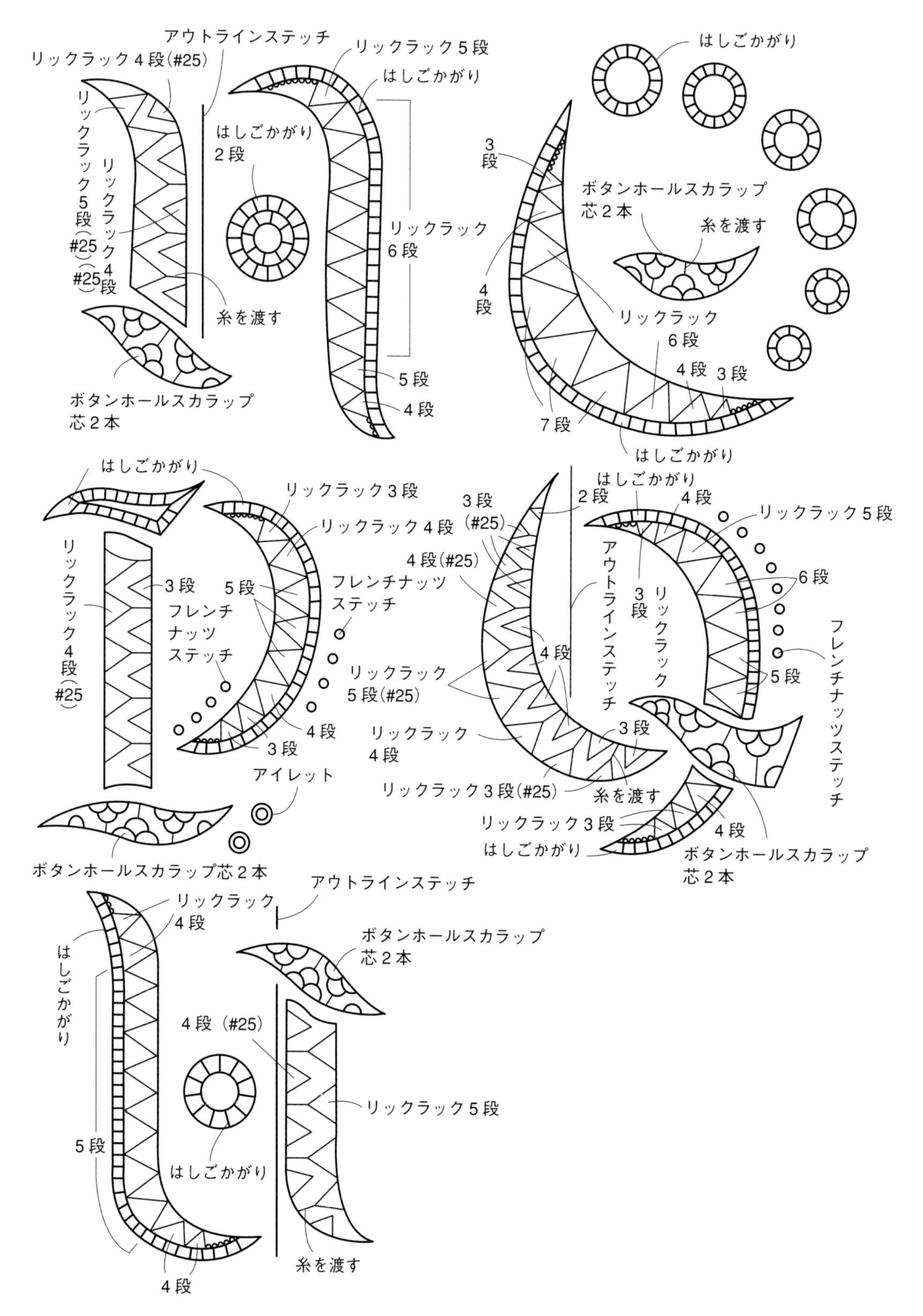

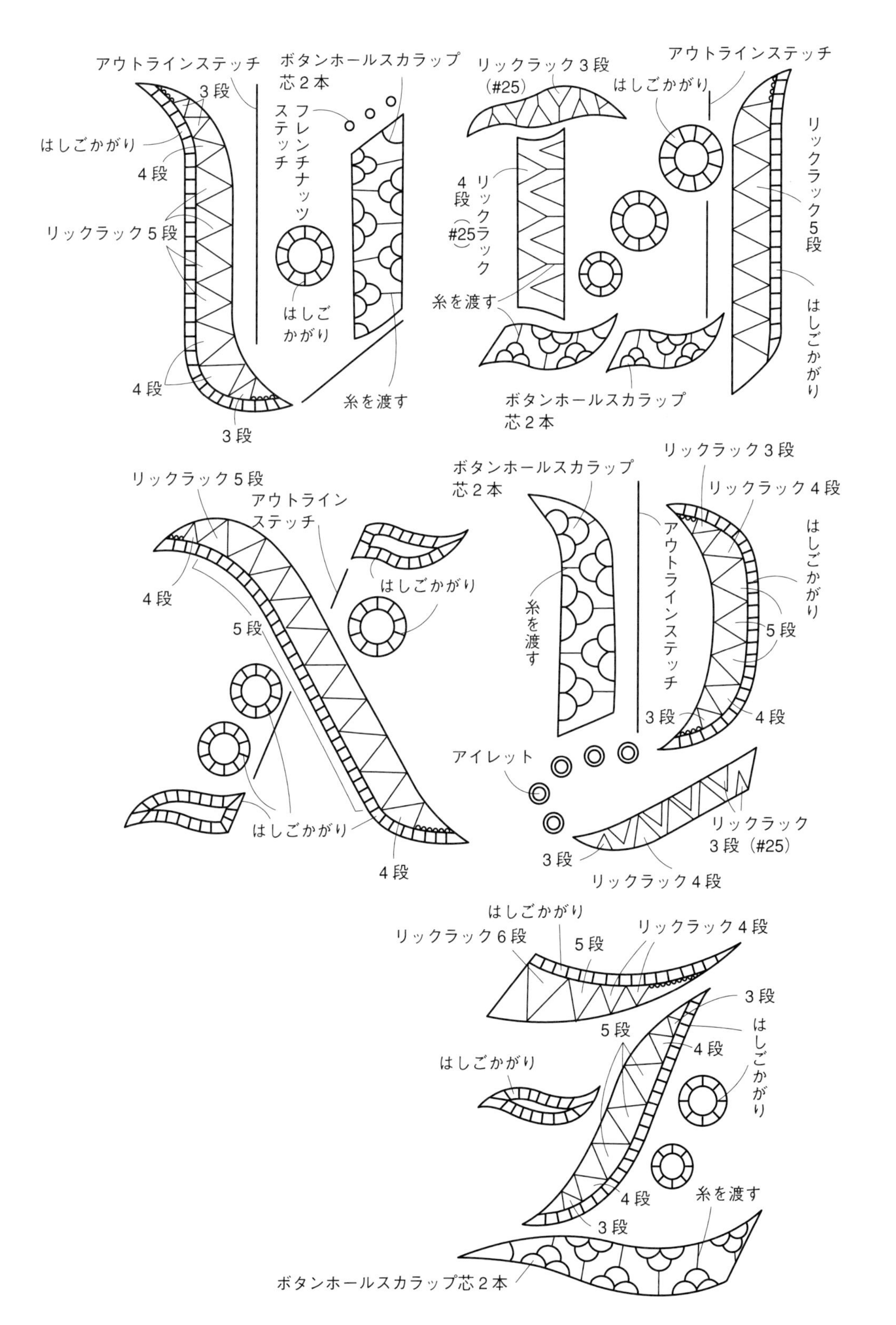
アウトラインステッチ
ボタンホールスカラップ
芯２本
３段
はしごかがり
フレンチナッツステッチ
４段
リックラック５段
はしご
かがり
４段
糸を渡す
３段
リックラック３段
（#25）
アウトラインステッチ
はしごかがり
リックラック５段
４段
リックラック
（#25）
糸を渡す
はしごかがり
ボタンホールスカラップ
芯２本
リックラック５段
アウトライン
ステッチ
４段
はしごかがり
５段
はしごかがり
４段
ボタンホールスカラップ
芯２本
リックラック３段
リックラック４段
アウトラインステッチ
はしごかがり
糸を渡す
５段
３段
４段
アイレット
リックラック
３段（#25）
３段
リックラック４段
はしごかがり
リックラック６段
５段
リックラック４段
３段
５段
はしごかがり
４段
はしごかがり
４段
糸を渡す
３段
ボタンホールスカラップ芯２本

Profile

笑う刺繍　中野聖子 Seiko Nakano

刺繍作家。都内で白糸刺繍教室を主宰。作品展の開催、出版、企業カタログや手芸雑誌への作品提供など、さまざまな場で白糸刺繍を紹介している。教室は初心者にもわかりやすい、笑いのあふれる教室がモットー。著書に『白糸刺繍』（グラフィック社）などがある。

https://www.warau-embroidery.com
Instagram：warau_embroidery

素材協力

手芸の越前屋
東京都中央区京橋 1-1-6
tel.03-3281-4911
https://www.echizen-ya.net

ディー・エム・シー株式会社
東京都千代田区神田紺屋町 13 番地 山東ビル 7F
tel.03-5296-7831
http://www.dmc.com

材料を購入できるお店

手芸の越前屋
東京都中央区京橋 1-1-6
tel.03-3281-4911
https://www.echizen-ya.net

株式会社亀島商店
大阪府大阪市中央区久太郎町 4 丁目 1-15
南御堂ビルディング 4 階
tel. 06-6245-2000
https://kameshima.co.jp

本書に掲載されている作品は、お買い上げいただいたみなさまに個人で作って楽しんでいただくためのものです。作者に無断で展示・販売することはご遠慮ください。

Staff

撮影　衛藤キヨコ
　　　山本和正（プロセス）
デザイン　橘川幹子
作図　大島幸
編集　恵中綾子（グラフィック社）

撮影協力

UTUWA
東京都渋谷区千駄ヶ谷 3-50-11
明星ビルディング 1 階
tel. 03-6447-0070

HEDEBO　図案＆見本集 211
デンマークの白糸刺繍 211
211 の図案、刺し方から小物作りまで

2024 年 10 月 25 日　初版第 1 刷発行

著　者：笑う刺繍　中野聖子
発行者：津田淳子
発行所：株式会社グラフィック社
〒 102-0073
東京都千代田区九段北 1-14-17
tel. 03-3263-4318（代表）
03-3263-4579（編集）
fax. 03-3263-5297
https://www.graphicsha.co.jp

印刷製本　TOPPANクロレ株式会社

ISBN978-4-7661-3794-1　C2076